김광수 소장이 풀어쓰는 경제의 핵심

경제학 3.0

경제학 3.0

© 2009, 김광수

초판 1쇄 발행 2009년 12월 17일
초판 7쇄 발행 2010년 1월 15일

지은이 김광수 | **펴낸이** 신경렬 | **펴낸곳** 더난출판

본부장 강용구
기획편집부 민신태 · 김명효 · 박귀영 · 윤현주 | **외서기획** 문혜정 | **디자인** 서은영
마케팅 김대두 · 견진수 · 홍영기 · 서영호 | **교육기획** 함승현 · 김종식 · 김승길 · 김윤호 · 이경희
관리 김태희 · 양은지 | **제작** 유수경 | **물류** 이승선 · 오수진
책임편집 민신태 · 김명효 | **교정교열** 한정아

출판등록 1990년 6월 21일 제1-1074호 | **주소** 121-840 서울시 마포구 서교동 395-137
전화 (02)325-2525 | **팩스** (02)325-9007
이메일 book@thenanbiz.com | **홈페이지** http://www.thenanbiz.com

ISBN 978-89-8405-499-8 03320

김광수 소장이 풀어쓰는 경제의 핵심

경제학 3.0

김광수(김광수경제연구소 소장) 지음

ⓝ 더난출판

한국 경제의 새로운 패러다임을 열기 위하여

사람들이 주식이나 부동산 등 투자에 관심을 가지고 있습니다. 특히 경제가 어려워지고 미래에 대한 불안이 커질수록 단기 투자에 집착하게 됩니다. 열심히 일해봐야 임금은 깎이기만 하고 안정적인 일자리는 더 이상 보장 받을 수 없기 때문입니다. 그래서 온갖 정보와 자료를 수집하여 이른바 '경제 공부'를 합니다.

물론 사람들이 투자에 관심을 갖는 것은 자본주의 시장경제에서 자연스러운 일입니다. 그러나 자본주의 시장경제 자체가 심각한 문제를 만들어내고 있는데, 그 과정에서 자기방어를 위한 투자에 몰두하는 것은 매우 위험합니다. 이는 머니게임에 불과할 뿐 결코 지속 가능할 수 없기 때문입니다. 자본주의 시장경제란 '자본'

이란 말에서 알 수 있듯이 생산 수단으로서의 자본 경제, 즉 실물 생산 경제를 전제로 합니다. 따라서 투자도 실물 생산 경제가 건전하게 발전하는 것을 전제로 합니다. 그렇지 못한 상태에서 깎인 임금을 벌충하는 식으로 투자에 몰두하는 것은 더 이상 자본주의 시장경제라고 할 수 없습니다. 곧 온갖 사기와 반칙이 난무하는 한탕주의 투기 경제로 전락하고 경제의 지속 가능성만 잃게 됩니다.

우리 연구소는 한국 경제의 지속 가능성 확보를 최대 목표로 삼고 연구에 매진하고 있습니다. 우리가 지속 가능성에 관심을 갖는 이유는 그것이 삼라만상 모든 삶과 죽음을 구별짓는 기준이며 신의 뜻이기 때문입니다. 모든 삶은 지속 가능성의 강약을 포함하고 있습니다. 지속 가능성이 강한 삶은 오래 유지될 것이며, 약한 삶은 오래가지 못해 죽음을 맞이하게 될 것입니다. 지속 가능성은 개인, 기업, 산업, 국가로 그 조직 단위가 커질수록 더욱 중요해집니다. 경제적으로 개인이든 기업이든 지속 가능성이 없으면 파산하게 됩니다. 국가도 지속 가능성이 없으면 무너집니다.

이렇듯 지속 가능한 경제를 위해서는 올바른 경제 정책이 필수적입니다. 올바른 경제 정책이란 경제 구조 변화에 선제적이며, 경제 환경 변화에 능동적이고 순응적인 정책을 말합니다. 반대로 나쁜 경제 정책이란 경제 구조 변화를 이해하지 못한 채 과거의 관습과 경험에만 의존하여 현상 유지에 급급하고, 경제 환경 변화에도 역행하여 거꾸로 가는 정책을 말합니다.

아시다시피 정책은 정치와 필연적인 관계에 있습니다. 정책이란 국민의 행복과 국가 발전을 목표로 하는 정치적 책략이라고 할 수 있기 때문입니다. 따라서 정치적 역량에 따라 정책도 크게 달라집니다. 한 나라의 정치가 무능하거나 사리사욕에 사로잡히게 되면 그 어떠한 정책도 국민의 행복과 국가 발전에 기여하지 못합니다. 오히려 국민의 행복과 국가 발전에 해가 되고 급기야 위기를 불러오게 됩니다.

한국이 지난 IMF사태 이후 올바른 경제 정책을 제대로 시행하지 못한 것은 정치권과 정부 관료들의 무지와 사익 집단화 때문이라고 할 수 있습니다. 정치와 정부가 시대의 변화와 경제 구조의 변화를 제대로 이해하지 못한 채 30~40년 전에나 있을 법한 무지로 넘쳐났습니다. 경제 환경의 변화를 올바로 이해하지도 못했을 뿐만 아니라 무엇을 어떻게 해야 할지도 몰랐습니다. 이것이 지금의 한국 경제가 당면한 위기의 근본 원인이라고 할 수 있습니다.

미국이나 일본 정부는 경제 성장 또는 기업의 성장 목적이 모든 국민들이 잘 먹고 잘사는 것이라고 말하고 있습니다. 또 모든 국민들이 잘 먹고 잘살게 하려면 열심히 일하는 사람들의 생산성과 임금 수준이 높아져야 한다고 말합니다. 그것이 경제 정책의 목표이며 정치가 존재하는 이유라는 것입니다. 물론 이들 나라에서도 현실적으로 많은 혼란이 존재합니다. 그러나 적어도 정부와 정치권이 부동산 투기를 부추기는 데 혈안이 되고 사람의 가격을 떨어뜨리는 데 앞장서지는 않습니다.

미국의 서브프라임론 사태의 근원은 1990년대 중반 클린턴 정부가 중하위 저소득층을 위해 주택 공급 사업을 확대한 데까지 거슬러 올라갑니다. 정책적 의도는 좋았으나 그 추진 방법이 문제였다고 할 수 있습니다. 정부와 시장의 경계선을 올바로 구분하지 못하고, 정책적 지원이 필요한 저소득층에게 주택을 공급하면서 주거가 아닌 재산 증식 수단으로써, 시장 논리에 따라 공급한 것입니다. 그러나 버블 붕괴로 주택이 재산 증식 수단이 아닌 부채로 바뀌자 저소득층이 감당하지 못하게 되고, 그로 인해 시장도 경제도 함께 무너질 위기에 직면해 있습니다.

노무현 정부와 이명박 정부가 그랬듯, 정부와 정치권이 아파트 가격 올리기에 환장한 나라는 절대로 양극화와 빈곤 문제를 해결할 수 없습니다. 사람을 사람으로 보지 않고 머슴으로 아는 경제는 정상적으로 성장할 수 없습니다. 사람뿐인 나라에서 사람을 중하게 여기지 않고 사람을 키우지 못하며 사람의 가치를 우습게 아는 한 절대로 양극화와 빈곤 문제를 해결할 수 없다는 말입니다. 경제 정책으로 아파트 투기 부양을 일삼는 한 성장 잠재력을 키우기는커녕 양극화나 빈곤 문제를 해결할 수도 없습니다.

2001~2003년의 부동산 붐은 시장 금리 급락에 따른 가계의 부적응에 기인한 면이 크다고 할 수 있습니다. 은행도 아파트 담보 대출을 무차별적으로 확장했습니다. IMF사태로 미래가 불확

실해지자 재테크 붐도 일었습니다. 이때 부동산 투기는 서울의 재건축 아파트에 집중되었고, 정부의 수도권 신도시 건설 사업에 집중되었습니다. 정부의 잘못된 부동산 투기 대책이 투기를 더욱 부채질한 것입니다.

2006~2007년 초의 2차 부동산 투기 붐으로 수도권에서는 뉴타운과 재개발에 기댄 '이명박 버블'이, 지방에서는 노무현 정부의 행복도시·혁신도시 개발에 뿌리를 둔 거품이 일었습니다. 2차 부동산 투기 역시 정부의 정책에 의한 것입니다.

그러나 투기 버블은 이제 끝났다고 할 수 있습니다. 미국이나 일본의 사례에 비추어 볼 때, 거품 붕괴 초기 단계에서 거래는 크게 줄어들고 가격은 떨어지지 않는 기간이 1년 반에서 2년가량 이어지다가 폭락하게 됩니다. 실제로 한국은 2007년부터 거래가 급감하고 미분양이 급증하면서 침체가 본격화되기 시작했습니다. 2008년 하반기부터 서울과 수도권의 실거래가는 2006년 이후 고점 대비 -30~-40퍼센트까지 하락했습니다. 2009년 들어 부동산 거래가 다소 늘고 가격이 오른 것처럼 보이지만, 이는 이명박 정부와 한나라당의 종부세 완화, 재건축 규제 완화, 미분양 주택 매입, 은행 주택 담보 대출 상환 연장 등 부동산 투기 부양책과 건설업계와 언론의 사기 분양 광고와 선동 보도 때문입니다. 그런데도 2009년 봄부터 강남 재건축을 중심으로 급반등세를 보이던 아파트 가격이 10월부터 꺾이기 시작했습니다. 건설업계와 유착한 정부와 정치권 그리고 언론이 온갖 수단과 방법을 동원하여 부동산 투기 버블 붕괴를 막으려 해도 투기 버블의 허상과 불균형 그리고 그로 인한 경제의 붕괴를 막을 수는 없습니다. 미국과 일본이 한국보다 못해서 부동산 투기 버블 붕괴를 막지 못했겠습니까?

한국의 부동산 버블 붕괴는 이미 시작되었습니다. 이미 지방은 버블이 붕괴되어 심각한 침체 상태에 빠져 있습니다. 전국 방방곡곡에 빈 아파트들이 널려 있으며, 밤이면 유령 도시가 되는 곳도 많습니다. 서울과 수도권 역시 예외라고 할 수 없습니다. 그런데도 이명박 정부와 한나라당은 아파트 가격을 올리기 위해 온갖 수단과 방법을 가리지 않고 있습니다. 한마디로 뭐가 뭔지도 모르는 것입니다. 이러니 위기론이 난무하지 않을 수 없습니다.

잠시 현대 한국 정치사와 경제 정책의 관계를 되돌아봅시다. 한국 정치사를 시기별로 보면 1970~1980년대 군부 독재 정권이 끝나고 1990년대에 YS와 DJ의 10년간에 걸친 3김 시대가 시작되었습니다. 그리고 2000년 이후 3김 시대가 종말을 고하고 참여 정부와 이명박 정부의 포스트 3김 시대가 막을 열었습니다.

1990년대의 3김 시대는 군사 독재 정권에 맞서 싸운 민주화 운동 세력입니다. 그런 만큼, 과거의 악습을 일소하고 건전한 민주주의 시장경제의 기본 토대를 다지며 21세기를 준비하는 전환기적 정부로서 기능해야 했습니다. 성치적인 면에서 민주주의 기틀을 다지는 데는 기여한 바가 많다고 할 수 있습니다. 그러나 이들 3김

정부는 IMF사태와 카드 사태 등에서 볼 수 있듯이 경제 문제에서는 낙제점을 받았습니다. 뿐만 아니라 21세기를 이끌어갈 자식 세대 중심의 정치적 세대교체도 준비하지 못했습니다. 이것이 바로 3김 시대의 한계이자 과오였다고 할 수 있습니다.

한국 경제는 1970~1980년대 자본 집약적 성장 시대를 지나 1990년대에 기술 집약적 성장 시대로 진입했어야 했습니다. 기술 집약적 성장 시대로 진입하려면 재벌 중심의 지배 구조에서 기술 벤처 중심의 산업 구조로 환골탈태해야 했습니다. 기술 벤처 중소기업이 튼튼한 기반을 구축하지 않으면 중소기업은 말할 것도 없고 대기업도 기술 집약적으로 성장할 수 없기 때문입니다.

그러나 기술 벤처 기반을 구축하기는커녕 세상의 변화를 올바로 인식하지 못하고 재벌들에게 무차별적인 차입 경영과 순환 출자에 의한 기업 확장을 허용했습니다. 그 결과 IMF사태가 발생했으며, 상위 재벌들은 말할 것도 없고 10~60위권의 중간 재벌 그룹 대부분이 공중 분해되고 말았습니다. 한 번의 금융위기로 한국의 재벌이 대부분 사라진 것입니다. 경제의 핵심인 중간 기업층이 날아갔다는 사실이 무엇을 의미하겠습니까? 이것은 한국 경제가 산업 구조적인 측면에서 기술 벤처 중심의 중간 허리가 없다는 사실을 단적으로 보여주는 증거라고 할 수 있습니다.

2003년부터 시작된 포스트 3김 시대의 노무현 정부와 이명박 정부는 엄격히 말해서 우연히 대박 터진 운 좋은 정부라고 할 수 있습니다. 이들은 3김 시대 이후 정치적 세대교체를 제대로 준비하지 못한 탓에 생겨난 사생아 정부라고도 할 수 있습니다. 3김 시대를 뛰어넘지 못하고 여전히 1970~1980년대 이념적 대결의 연장선상에 머무른 시대착오적인 정부였던 것입니다. 이들은 경제 정책 면에서 무엇이 올바른 것이고 어떻게 해야 하는지도 모른 채 시대착오적인 이념에 휩쓸려 정권 내내 우왕좌왕했습니다. 세상의 변화와 정책이 서로 맞지 않고 어긋나 경제적, 정치적 혼란이 가중되고 있다는 사실이 이를 입증해주고 있습니다.

3김 시대 이후 출범한 노무현 정부와 이명박 정부의 시대적 사명은 21세기 세계 경제의 패러다임이 완전히 바뀌고 경제 환경이 급변하는 현실을 올바로 이해하는 것이었습니다. 그리고 경제 구조와 환경 변화에 능동적으로 순응하는 경제 발전을 정착시킬 수 있도록 정책적 기반을 구축하는 것이었습니다. 그러기 위해 무엇보다도 과거의 이념 투쟁과 결별하고 자식 세대 중심의 새로운 민주주의 시장경제 규칙을 확립했어야 했습니다. 재벌 그룹의 왜곡된 지배 구조를 혁파하고 기술 벤처가 뿌리내릴 수 있는 산업 구조 기반을 구축했어야 했습니다. 부동산 투기를 과감히 차단하여 지속 가능한 생산적 성장 경제의 기반을 구축했어야 했습니다.

그러나 이들 정부는 그렇게 하지 못했습니다. 과거의 특권 세력은 여전히 치외법권적 세력으로 남아 있으며 정경관언사법의 유착 구조 역시 온존하고 있습니다. 노무현 정부는 DJ 정부와의 차별성을 내세우며 싸우다가 그쳤습니다. DJ 정부를 뛰어넘어 앞으로 나아가지 못한 것입니다.

이명박 정부는 그보다 심해서 정권 시작부터 시대착오적인 냉전 이데올로기와 독재 정권 시절의 제왕적 권력으로 되돌아가고 있습니다. 정권 시작 전부터 노무현 정부를 팔아 정권을 잡았으며, 정권 출범 이후에도 이미 끝나버린 노무현 정부의 유령과 싸우느라 정신이 없습니다. 노무현 정부를 뛰어넘기는커녕 정치와 종교를 구분하지 못한 채 냉전 시대로 회귀하고 있는 것입니다. 앞으로 나아가도 시원찮을 판국에 거꾸로 가는 셈입니다. 노무현 정부는 3김 시대로, 이명박 정부는 반노무현 식의 1970~1980년대 냉전적 권력으로 되돌아간 것입니다.

미국의 나스닥시장은 기술 벤처 기업들로 넘쳐나고 있습니다. 물론 창립한 지 100년이 넘는 GE나 GM 또는 엑손모빌과 같이 전통적인 대기업도 있습니다. 그러나 1970년대 이후에 탄생한 인텔, 마이크로소프트, 애플, 시스코시스템, 지넨텍, 구글, 퀄컴, 오라클 등과 같이 글로벌 기업으로 성장한 기술 벤처 기업들이 훨씬 많습니다. 신생 기업들이 세계적 기업으로 발돋움하고 있습니다. 이런 점에서 미국 경제의 역동성은 아직도 건재하다고 할 수 있습니다.

일본은 미국처럼 글로벌 기업으로 성장한 기술 벤처 기업이 많지는 않습니다. 1947년에 창립한 소니나 소프트뱅크가 대표적인 경우라고 할 수 있습니다. 그러나 세계 2차대전이 끝나고 맥아더

미 군정에 의해 재벌이 해체된 후부터 일본의 중소기업의 기술력은 세계 최고 수준을 자랑하고 있다고 해도 과언이 아닙니다. 일본은 중소 규모의 기술 벤처 기업층이 매우 두터우며, 상위 대기업과 유기적으로 공생 구조를 형성하고 있습니다. 그래서 1990년대 장기 불황의 어려움 속에서도 일본의 산업 기반이 붕괴되지 않고 안정적인 고용을 유지하면서 버틸 수 있었던 것입니다.

반면, 한국은 지난 IMF사태 때 10~60위권의 중간 재벌 기업이 거의 사라졌습니다. 위기에도 굳건히 버틸 수 있는 한국 경제의 중간 허리 역할을 해주는 기술 벤처형 기업들이 아니었기 때문입니다. 한국의 중간 재벌 그룹들은 기술 벤처의 뿌리가 없었던 탓에 단 한 번의 외풍으로 모두 날아가버렸습니다. IMF사태 이후에도 산업의 중간 허리 부분은 여전히 취약하여 새로운 일자리를 창출해내지 못합니다. 오히려 상위 10위 그룹에 경제력이 집중되는 빈익빈부익부 현상이 가속화되고 있습니다. 한국 코스닥 기업의 상당수는 사기라고 해도 과언이 아닐 정도입니다. 지난 2000년의 IT 버블과 최근의 코스닥시장을 보면 이 사실을 알 수 있습니다. 또한 일본에 200억 달러 이상의 무역수지 적자를 기록하고 있는 것도 기술 벤처 중간 허리가 없다는 증거라고 할 수 있습니다.

이처럼 기술 벤처 기업 기반이 취약한 데는 여러 가지 원인이 있을 수 있지만, 무엇보다도 산업의 최정점에 있는 재벌들의 잘못된 지배 구조 때문이라고 할 수 있습니다. 한국의 재벌들은 일제 시대에 약탈적 상업 자본 형태로 출발했습니다. 군사 독재 정권 시절에는 정경관 유착과 관치 금융을 바탕으로 차입 경영 방식으로 성장해왔습니다. 그 결과, 기술적 뿌리가 취약한 탓에 상위 재벌 그룹이든 중간 재벌 기업이든 무차별적으로 무너진 것입니다.

1990년대에 들어선 후에는 정부의 관심이 기술 개발에 쏠리면서 기술 개발 국책 사업의 대부분이 상위 재벌 그룹에 집중되었습니다. 그 성과 역시 상위 재벌 그룹에 집중되었습니다. 기술 벤처 기업의 기반을 구축하여 글로벌 기업이 나올 수 있는 산업 구조를 형성하는 것이 아니라, 처음부터 상위 재벌 기업이 기술 개발을 독점하다시피 한 것입니다. 그 결과, 새로운 벤처 기업들이 나오기 어려울 뿐만 아니라, 성장 가능성이 있는 기술 벤처 기업이라고 해도 수단과 방법을 가리지 않고 기술을 독점하려는 재벌의 방해를 물리치지 못하고 잡혀먹히고 마는 구조가 되었습니다.

한국에서는 기술 벤처 기업이 재벌의 하청 기업으로만 존재할 수 있을 뿐, 독자적으로 존립할 수 없습니다. 세계를 상대로 경쟁하고 역동적으로 커갈 수 있는 기술 벤처가 성장할 만한 산업 구조를 갖추지 못한 것입니다. 이런 구조에서는 산업의 중간 허리를 키울 수 없습니다. 산업의 중간 허리가 튼튼하지 않은 한 제조업이든 서비스업이든 일자리를 역동적으로 창출해낼 수 없습니다. 대덕과학연구단지를 만든 지 30년이 지났지만 제대로 된 기술 벤처 기업이 과연 얼마나 나왔습니까? 재벌 중심의 승자 독식 산업 구조로는 절대로 지속 가능한 성장을 할 수 없습니다.

　　한국 경제의 성장 잠재력을 키우려면 재벌 지배 구조 개선이 무엇보다 절실합니다. 그래야 기술 벤처의 기업가 정신이 살아나고, 50년, 100년 성장할 수 있는 성공적인 기술 벤처 기업이 나올 수 있습니다. 몇 건의 성공 사례가 나오면 기술 벤처 기업가 정신이 왕성해질 수 있으며, 한국 경제의 중간 허리층이 두텁게 형성될 수 있습니다. 그래야만 경제 환경의 변화에 알맞는 새로운 일자리가 만들어지고, 일해서 먹고사는 경제를 만들 수 있습니다.

　　노무현 정부와 이명박 정부는 이런 문제의식이 없었습니다. 오히려 재벌 그룹들의 잘못된 지배 구조를 옹호해주는 것이 경제 살리기이며, 친기업 정책이라고 착각했습니다. 그래서 재벌 오너들은 21세기 글로벌화된 세계 경제 속에서도 극히 적은 지분으로 제왕적 지배력을 행사합니다. 나아가 재벌 그룹들은 기술 벤처의 뿌리를 깊이 내리기는커녕 금융 산업에 진입하려고 혈안이 되었습니다. 제왕적인 재벌 오너와 그를 옹호하는 정경관언사법의 특권 유착 세력들이 국민들을 머슴으로 알고 국민들 위에 초법적으로 군림하려는 나라에서는 기술 벤처가 절대로 뿌리내릴 수 없습니다.

　　그들은 중국에 밀려 제조업은 더 이상 비전이 없으니 금융과 부동산 등 서비스업을 키워야 한다고 말합니다. 특히 금융업을 발전시켜야 한다고 말입니다. 그리고 금융업을 발전시키기 위해서는 금산분리 원칙을 폐지하고 재벌 그룹에 넘겨야 한다고 말합니다. 아니, 재벌 그룹의 오너에게 넘겨야 한다는 것입니다. 그들의 말에 따르면 금융업이 발전하지 못한 것은 주인이 없기 때문입니다. 이처럼 한국의 대통령과 정부 관료, 정치권은 앞장서서 재벌을 위해 주인-머슴론을 앞 다투어 합창하느라 눈이 뒤집혔습니다. 앞뒤가 맞지 않는 무지한 이야기도 서슴없이 내뱉고 있습니다. 주인이 있다는 재벌 그룹에서 제조업은 안 된다니, 그래서 금융업에 진출해야 한다는 소리는 도대체 무슨 논리인가 말입니다.

부동산업의 육성도 중요할 것입니다. 그러나 그 미명하에 부동산 투기 경제를 조장하려는 기만적인 개발 정책을 남발하고 있습니다. 기술 벤처 기업을 살리는 산업 구조를 구축하는 것보다도 100층, 200층짜리 빌딩을 짓는 일이 더 중요하고 수백 개에 달하는 뉴타운 사업을 질러대는 일이 더 중요하다는 의미입니다. 초고층 빌딩을 짓겠다며 난리 피우고 100년 도시 계획은 온데간데없이 뉴타운 사업만이 넘쳐나는 경제가 과연 지속 가능한 성장을 할 수 있으며 서비스업의 경쟁력이 강화될 수 있겠습니까? 성장 잠재력을 높이기 위한 정책의 우선순위와 수요 공급의 기본 원리를 완전히 무시한 정책은 반드시 그 대가를 치를 수밖에 없습니다.

작금의 한국 경제는 위기일까요? 그렇다면 왜 위기일까요? 사람의 가치보다도 아파트 가격을 올리는 데 혈안이 된 정치권과 정부 관료 자체가 위기이기 때문입니다. 사람뿐인 경제에서 모두가 잘살 수 있는 민주주의 시장경제를 발전시킬 수 있는 자원은 오직 사람과 지식과 시간뿐입니다. IMF사태 이후 사람은 아파트보다도 못한 똥값으로 떨어졌고, 지식은 기술 벤처를 통해 발전할 수 없으며, 시간은 헛되이 낭비되고 있습니다. 이것이 위기이며, 이를 조장하고 선동한 무능하고 무지한 노무현 정부와 이명박 정부 그리고 여야 정치권이 위기의 근원인 것입니다.

부모 세대가 무덤에 갈 때까지 무지하고 부도덕한 권력욕에 사로잡혀 자식 세대의 장래를 말아먹는 정책을 남발하는 한, 한국 경제의 위기는 결코 피할 수가 없을 것입니다. 유일한 해결책은 전문성과 도덕성을 갖춘 20~40대 자식 세대를 중심으로 새로운 정치 세력을 형성하여 과감하게 세대교체를 하는 것뿐입니다. 우리 연구소는 이 같은 세대교체를 통해 건전하고 지속 가능한 민주주의 시장경제의 반석을 놓기 위해 온 힘을 기울일 것입니다.

마지막으로 연구소 일에만 파묻혀 있던 필자가 이 책을 쓸 수 있도록 자극을 주고 기획과 편집에 열과 성을 다해준 더난출판의 민신태 팀장님과 김명효 과장님께 감사드립니다. 또 이 책이 나오기까지 자료정리 등 실무적인 준비에 큰 도움을 준 오마이뉴스 김종철 기자님께도 깊은 감사의 뜻을 전합니다. 김종철 기자의 도움이 없었다면 이 책의 출간은 한참 더 늦어졌을 것입니다. 부족함이 많은 필자의 뜻을 따라 대한민국 최고의 싱크탱크를 만들겠다는 각오로 동고동락하는 우리 연구소의 젊은 연구자들에게도 고마움의 뜻을 전합니다.

CONTENTS

2 경제도 사람이 움직인다

3 다음 세대를 위한 새판 짜기

우리가 무엇인가 알아야 할 것은

I

로또의 유혹

한탕주의 정책으로는
경제 문제가 해결되지 않는다

2008년 글로벌 경제위기 이후 소비가 침체 국면을 벗어나지 못하고 있지만, 로또는 여느 때보다 잘 팔리고 있다는 뉴스를 접했다. 2009년 상반기까지 복권은 1조 2446억 원어치나 팔렸다고 한다. 그중에서도 로또 판매액은 1조 1895억 원으로 2008년보다 6.7%나 증가했다. 지난 2006년 하반기 이후로 가장 많이 팔린 셈이다.

흔히 어렵고 힘들수록 사람들은 실현 가능성이 희박한 헛된 기대를 품기 쉽다. 평상시에는 로또에 관심조차 보이지 않던 사람이 경제적으로 감당하기 힘든 어려움에 처하게 되면 갑자기 관심을 보이는 것이다.

다시 말해, 실현 가능성이 무한히 낮은 한탕주의의 허황된 도박 심리에 사로잡히게 된다. 개인이든 기업의 경영자든 이런 경험을 하거나 유혹을 느껴본 사람들이 적지 않을 것이다.

이처럼 어려움에 빠지게 되면 사람들은 문제를 합리적으로 해결하려 하기보다 한탕주의식의 도박에 강한 유혹을 느끼게 된다. 그러나 이런 행동의 이면에는 현실 도피나 현실 부정의 심리가 강하게 깔려 있다. 동시에 어떻게 해서든 어려운 현실에서 하루라도 빨리 벗어나고 싶어 하는 절박함과 조급증에 사로잡히게 된다.

그 결과 평상시에는 생각하기 어려운 비이성적인 행동을 하게 된다. 물론 이런 행동이 문제를 해결해줄 리 만무하다. 로또를 산다 한들 당첨 가능성은 거의 없다. 결국 마지막 실낱같은 희망이었던 로또가 꽝이 되면 파국적인 상황에 직면하게 된다.

투기든 투자든, 주식이나 부동산에서 감당하기 힘들 만큼 크게 손실을 본 개인은 현실을 있는 그대로 보지 못할 가능성이 높다. 이유는 현실을 부정하려는 무의식이 마음속에서 강하게 작용하기 때문이다.

그래서 내가 잘못한 것이 아니라 현실이 잘못되었다고 착각한다. 그리고 잘못된 현실은 곧 달라질 것이며, 자신의 손실도 만회될 것이라고 기대한다. 그래서 큰 손실을 본 사람일수록 주식이든 부동산이든 더욱더 한탕주의식 도박의 유혹에 쉽게 빠져들게 된다. 그런 사람들은 거짓 정보나 사기성 루머 그리고 엉터리 정책 선동에 평상시보다 쉽게 걸려든다.

이런 심리는 개인뿐 아니라 기업이나 국가 역시 마찬가지다. 기업이든 국가든 모두 사적인 이해관계를 지닌 사람들이 얽혀 있는 집합체이기 때문이다.

기업이 어려움에 처하게 되면 경영자든 노조든 자꾸 현실을 부정하려 하며, 자신들의 잘못이나 실수가 아니라고 생각한다. 그래서 이성적인 해결책을 강구하기보다는 무리한 편법이나 감정적인 해법을 선택하기 쉽다. 그로 인해 문제의 근본 원인이나 올바른 해법을 찾지 못한 채 악순환의 구렁텅이로 빠져들게 된다.

국가도 서로 다른 이해관계를 지닌 정치 집단에 의해 크게 좌우된다. 특히 민주주의가 덜 발달한 정치 후진국일수록 경제위기에 직면하게 되면 비이성적인 도박식 정책 남발로 위기가 더욱 심화되는 모습을 쉽게 찾아볼 수 있다.

이들 국가는 현실의 경제위기를 끊임없이 부정하려 들며, 자신의 잘못이나 책임이 아니라고 주장한다. 그리고 위기를 한 방에 해결하겠다며 한탕주의 도박 정책들을 남발한다. 현재의 한국 정부도 구조적인 측면에서 근본적인 해법을 차근차근 모색하기보다는 '4대강 사업'이라는 한탕주의 정책에 목을 매는 것처럼 보인다. 그러나 4대강 사업을 통해 국제 경쟁력 저하와 실업난, 양극화와 같은 경제 구조적 문제들이 해소될 리 만무하다. 물론 선진국도 경제위기에 직면하게 되면 비슷한 양상을 보이기도 한다.

이성적이고 합리적인 정책이란 공간적으로는 모든 지역과 국민 전체를, 시간적으로는 현 세대뿐만 아니라 미래의 자식 세대를 포함한다. 그리고 이들 전체의 이익을 극대화할 수 있는 문제 해결법 또는 이해 조정 방법론을 내놓는다.

그렇기 때문에 선진국의 경우 정책을 만들어 입법화하기까지 많은 연구와 토론을 거치며, 적어도 수년의 시간이 걸리는 것이 보통이다. 이렇게 만들어진 정책은 시공간적으로 일관성과 지속성을 지니게 된다. 그러므로 정책이 시도 때도 없이 수시로 바뀌거나 남발되지 않는다.

정책이 잘못 만들어지게 되면 그 부작용도 일시에 끝나지 않는다. 수년간 지속될 수도 있으며, 경우에 따라서는 나라가 망할 수도 있는 것이다. 작금의 미국발 금융위기가 무리한 금융 규제 완화라는 정책 실패에서 비롯된 것처럼 말이다.

삼성전자의 그늘

대기업의 사례를 통해 본
소모적인 고용 문제

삼성전자가 얼마 전에 창립 40주년을 맞이했다고 한다. 경제위기 속에 매출과 영업 이익 면에서 창립 이후 최대 실적을 올렸다는 소식도 이어졌다. 삼성전자는 이미 자산 규모나 수익성 등에서 세계 유수 기업과 경쟁하는 글로벌 기업으로 성장한 지 오래다.

물론 삼성전자가 2009년에 기록했던 영업 이익의 상당 부분이 환율 효과 등으로 과대평가되긴 했다. 이미 그룹 총수 자리에서 물러났다고 하지만, 이건희 전 회장 중심의 총수 지배 체제가 여전히 지속되는 것 등 논란의 소지가 전혀 없는 것은 아니다.

특히 삼성전자의 고용 시스템만 놓고 따져봤을 때, 과연 앞으로도 글로벌 기업으로 지속 가능한 성장을 할 수 있을지 솔직히 의문스럽다.

예를 들어 삼성전자의 고졸 출신 생산직 근로자의 경우 상당수가 비정규직으로 채용돼 있다. 정규직이든 비정규직이든 고졸 출신 생산직 근로자의 대부분은 한국 내에서 평균적인 생활수준을 유지하기 어려운 금액을 임금으로 받는다. 지난 2007년 말 현재, 삼성전자의 생산직 부문의 남자 근로자 수는 2328명인 데 비해 기타 부문(상당수가 비정규직 외주 근로자로 추정)의 근로자 수는 4만 4164명이었다.

그런가 하면, 생산직 부문의 여자 근로자 수는 2만2106명이며 기타 부문의 근로자 수는 6040명이었다. 남자와는 달리 여자 근로자의 경우 생산직이 기타 부문보다 훨씬 많은 수를 차지하는 것은 두 부문의 급여 차이가 그리 크지 않기 때문으로 보인다.

무엇보다 삼성전자의 관리직과 생산직 및 기타를 포함한 남자 근로자 전체의 평균 근속 연수는 7.9년, 여자 근로자 전체의 평균 근속 연수는 4.5년이었다.

일본을 대표하는 도요타자동차의 경우를 보자. 도요타는 고졸 출신 생산직 사원도 정규직으로 채용하며, 급여도 삼성전자보다는 훨씬 많이 지급한다. 도요타는 일본 내의 각 연령대에 맞는 생활이 가능하도록 임금을 책정해 지급하고 있다. 근로자들이 각 연령대의 평균적인 생활을 누릴 수 있어야만 회사에서도 최선을 다해 근무할 수 있다고 보기 때문이다. 물론 종신 고용 연공제의 장점을 높이 평가하는 도요타의 경영철학이 반영된 면도 있다.

도요타자동차에 비교했을 때, 삼성전자의 불안정한 고용 구조로는 글로벌 기업으로서 지속 가능한 성장을 하기란 쉽지 않을 듯하다. 특히 남녀 근로자의 짧은 평균 근속 연수에서 볼 수 있듯이, 삼성전자는 대량 해고-대량 고용의 고용 시스템이다. 도요타의 고용 안정 시스템과 확연히 대비되는 부분이다.

도요타자동차나 삼성전자 모두 글로벌 기업으로, 세계 시장에서 치열한 경쟁에 직면해 있다. 그러나 한쪽은 고용 안정 시스템을 바탕으로 성장하고 있으며, 다른 한쪽은 대량 해고-대량 고용의 소모적인 고용 시스템을 바탕으로 성장하고 있다. 궁극적으로 어느 기업이 지속 가능한 성장을 할 가능성이 높은지는 너무나도 자명하지 않은가?

대량 해고-대량 고용 시스템은 경제 전체적으로 볼 때 매우 소모적이다. 또 기업이 부담해야 할 인력 개발 비용을 사회적 교육 비용으로 전가할 뿐만 아니라, 경제 전체의 우수 인력을 피폐하게 만든다. 한국 최고의 글로벌 기업이라는 삼성전자에 입사할 수 있는 사람은 그야말로 국내 최고 수준의 우수한 엘리트다. 어찌 보면 삼성전자는 한국 우수 인재들을 빨아들이는 블랙홀이라고 할 수 있다.

그런 엘리트들이 삼성전자에 입사하기 위해 들인 경제적인 비용도 실로 막대하다. 초·중·고등학교 때부터 사교육을 받은 것은 말할 것도 없고 치열한 대학 입시를 거쳐 일류 대학에 들어간 후 해외 유학 경험을 쌓아 겨우 회사에 들어간다. 그러나 그렇게 들어간 회사에서 평균 6~7년 정도면 자의든 타의든 퇴사해야 한다. 20년 넘게 막대한 교육비를 투자해서 고작 6~7년 만에 퇴사해야 한다는 것은 투자 대비 수익 면에서 너무나도 낭비다. 한국 경제 전체가 이같이 엄청나게 비효율적인 교육 투자비를 낭비하고 있는 셈이다.

차라리 이 우수한 인재들이 삼성전자에 입사하지 않고 다양한 길을 선택해서 평생 안정적 직업을 가지고 자신의 재능을 충분히 발휘했더라면 어땠을까? 그 편이 한국 경제 전체의 지속 가능한 발전에 더욱 기여하지는 않았을까 하는 생각이 든다.

그렇다면 막대한 비효율적 교육비 투자도 크게 줄어들지는 않았을까? 그렇게 줄어든 교육비를 다른 분야에 투자하여 한국 경제의 지속 가능한 경제 발전에 더 기여할 수 있지 않았을까? 이런 생각이 좀처럼 머리를 떠나지 않는다.

대량 해고-대량 고용의 소모적 고용 시스템의 문제점은 여기에 그치지 않는다. 대량 해고된 우수 인력들이 겪게 되는 좌절과 무기력 그리고 이들이 초래하는 사회적 문제는 한국 경제가 사실상 감당하기 어려울 만큼 엄청난 것이다.

현재의 한국 경제 구조에서 대량 해고된 사람들이 재취업할 수 있는 기회는 매우 제한되어 있다. 그 결과 상당수는 비정규직으로 전락하거나 기약 없는 서비스 자영업자로 내몰려 취업 전선에서 이탈한다. 말하자면 우수 인력이나 아니거나, 또는 어느 연령대이든 상관없이 한국 경제는 무차별적으로 비정규직을 양산하는 경제 구조로 바뀌어버린 것이다. 그런데 정부는 실업 통계에서 이들을 당당하게 취업자로 인정하여 3%대의 매우 낮은 실업률을 자랑한다.

　　이처럼 무차별적인 대량 해고와 비정규직의 양산은 천문학적인 사회보장 비용의 투입으로 이어진다. 정부 입장에서는 막대한 사회보장비의 재원을 확보하기 위해 가계와 기업의 주머니를 쥐어짤 수밖에 없다.

　　그러나 아무리 주머니를 쥐어짠다고 해도 사회보장 관련 분야의 엄청난 재정 적자를 피할 수는 없다. 게다가 소비를 늘려 내수를 활성화시켜도 부족할 판에, 20년, 30년 뒤의 사회보장비 재원을 충당한다는 명목으로 국민연금이라는 이름하에 엄청난 규모의 저축을 강제하고 있다.

　　이 때문에 지난 참여정부에 이어 이명박 정부에 이르기까지 비정규직과 자영업자 양산에 따른 사회보장비 부담의 급증을 줄이기 위해 일자리 창출을 강조해왔다. 그렇지만 아무리 일자리를 늘리더라도, 한쪽에서 대량으로 해고자가 쏟아져 나오는 구조로는 사회보장비 부담 증가를 막을 길이 없다. 부담을 확실하게 줄이려면 일자리를 늘리기보다는 먼저 대량 해고를 막는 것이 중요하다.

물론 이런 상황이 삼성전자에만 국한된 것은 아니다. 삼성전자는 글로벌 기업으로서 한국 대기업들의 대표적 준거가 되고 있기 때문에 대다수 대기업들이 비슷한 고용 구조를 지니고 있다고 할 수 있다.

특히 IMF사태 이후 정부나 기업 모두 지속 가능한 경제 발전이 무엇이며 어떻게 할 것인가를 진지하게 고민하지 않고 막무가내로 노동시장의 유연성만을 강조해왔다. 그 결과, 글로벌 기업인 삼성전자에서 근무했던 우수한 인재들이 소모품처럼 사용된 후 대량 해고되면서 비정규직으로 전락하는 어처구니없는 상황이 발생하고 있는 것이다.

또 하나, 대량 해고-대량 고용의 고용 구조에서 양산되는 비정규직의 또 다른 심각한 문제는 노동에 대한 상대적인 시장 가격을 낮춘다는 것이다. 즉, 비정규직의 양산이 정상적인 근로자들의 임금 수준마저 떨어뜨린다. 외환위기 이후 정부가 160조 원이라는 막대한 재정을 투입한 결과 많은 기업들이 워크아웃을 통해 구제받았다. 그러나 부실기업들의 워크아웃은 결과적으로 노동의 상대가격을 떨어뜨리는 데 결정적인 역할을 했다.

이들 워크아웃 기업들은 기업 위기를 내세워 생계를 유지하기에도 턱없이 모자랄 만큼 인건비를 삭감했고 비정규직을 양산했다. 그 결과, 정상적인 동종 다른 기업들의 인건비 역시 떨어졌다. 정상적인 기업들의 경영자들은 워크아웃 기업들의 임금 수준과 가격경쟁력 확보 등을 들먹이면서 인건비 상승을 억제했다.

가령 워크아웃 기업의 근로자가 10%이고 정상적인 기업의 근로자가 90%라고 가정해보자. 이 경우, 10%에 불과한 워크아웃 근로자의 인건비 삭감이 정상적인 기업의 근로자 90%의 임금을 동시에 낮추어버린 것이다. 명목 임금 자체가 절대적으로 줄었다기보다는 자본과 부동산 등 자산에 비해 노동의 상대적인 가격이 낮아졌다는 말이다. IMF사태 이후 한국 경제는 자본과 부동산 등 자산에 비해 노동의 상대 가격이 지속적으로 하향 평준화되는 상황이 지속됐다.

결국 삼성전자를 비롯한 재벌 기업의 소모적 고용 시스템이 한국 경제의 지속 가능한 발전에 심각한 장애물이 되는 것이다. 한쪽에서는 일자리를 몇천 개, 몇만 개씩 창출하고 있다고 주장하면서 다른 한쪽에서는 그보다 더 많은 직원들을 해고하면 무슨 의미가 있겠는가? 그런 상황에서 정부가 일자리 30만 개 창출을 목표로 삼는다 한들 아무 의미도 없다. 또한 이런 일자리 소모전으로는 결코 지속 가능한 경제 발전을 기대할 수 없다.

지속가능한 자본주의 시장경제를 위해

자본주의에 대한 근본적 이해

언제부터인가 많은 사람들이 주식이나 부동산 등의 투자는 우리 삶의 일부분처럼 되었다. 게다가 요즘 들어 2008년 말 이후 크게 떨어졌던 주식시장이 다시 살아나고, 부동산시장마저 일시적으로나마 상승하는 기미를 보이자 관심이 더욱 커지는 것 같다.

원래 경제가 어려워지고 미래에 대한 불안이 커질수록 단기 투자에 집착하는 경향이 있다. 열심히 일을 해봐야 임금은 깎이기만 하고 일자리는 안정적으로 보장 받을 수 없기 때문이다. 그래서 온갖 정보와 자료를 수집하여 이른바 '경제'에 대해 공부한다.

물론 사람들이 투자에 관심을 갖는 것은 자본주의 시장경제에서 자연스러운 일이다. 문제는 자본주의 시장경제 자체에 심각한 문제가 쌓이는 과정에서 자기방어를 위한 투자에 몰두하는 것이 매우 위험하다는 사실이다. 아무리 자기방어 투자에 몰두해도 이는 머니게임에 불과할 뿐 결코 지속 가능하지 않기 때문이다.

자본주의 시장경제란 '자본'이란 말에서 알 수 있듯이 생산수단으로서의 자본 경제, 즉 실물 생산 경제를 전제로 한다. 따라서 투자도 실물 생산 경제가 건전하게 발전하는 것을 전제로 한다. 실물 생산 경제가 건전하게 발전하지 못하는 상태에서 사람들이 이에 보태는 식으로 투자에 몰입하는 것은 더 이상 자본주의 시장경제라고 할 수 없다. 온갖 사기와 반칙이 난무하는 한탕주의 투기 경제로 전락하게 되며, 경제의 지속 가능성만 잃는다.

자본주의 시장경제는 1800년대 초 산업혁명 이후 많은 시행착오와 우여곡절 속에 발전해왔다. 이 제도가 200년 넘게 지속됐다는 것은 인류 역사를 통해 볼 때 매우 획기적인 일이다.

많은 사람들은 지난 200년간 자본주의 시장경제가 지속적으로 발전할 수 있었던 이유가 개인의 사적 이익 추구를 허용했기 때문이라고 생각한다. 그리고 이 같은 체제에서 개인의 사적 이익 추구는 무한대로 허용되어야 한다고 주장한다.

그러나 이는 자본주의 시상경제의 발전 역사와 근대 경제학의 기본 이론을 잘못 이해한 것이다. 그동안 자본주의 시장경제를 발전시킨 것은 개인의 탐욕만이 아니라 지식(특히 과학기술)과 모험에 대한 도전정신, 그리고 지속 가능성에 대한 도덕적 양심과 같은 덕목이었다.

과학기술과 모험에 대한 도전정신은 개인의 탐욕에서만 비롯된 것이 아니다. 공동체의 지속 가능성에 대한 도덕적 양심은 과학기술과 도전정신을 악용하는 개인의 탐욕을 억제하는 데 기여했다. 물론 개인의 탐욕이 과학기술의 발전과 모험에 대한 도전정신을 촉진시키는 데 기여한 측면도 있지만, 자본주의 시장경제의 촉진제 역할은 했을지는 몰라도 근본적인 원인은 아니었다.

문제는 지금까지 지속되어온 자본주의 시장경제가 앞으로도 계속 지속 가능하겠느냐는 것이다. 지속 가능성은 개인, 기업, 산업, 국가로 조직의 단위가 커질수록 더욱 중요해진다. 경제적으로 개인이든 기업이든 지속 가능성이 없으면 파산하게 된다. 국가도 지속 가능성이 없으면 파산한다.

따라서 지속 가능성은 매우 중요하다. 이는 삼라만상의 모든 삶과 죽음을 구별짓는 기준이며 신의 뜻이기 때문이다. 모든 삶은 지속 가능성의 강약을 내재하고 있다. 지속 가능성이 강한 삶은 오래 유지될 것이고, 지속 가능성이 약한 삶은 오래가지 못해 죽음을 맞이하게 될 것이다. 죽음은 지속 가능성이 정지되거나 소멸된 상태를 말한다.

2008년 하반기 글로벌 금융위기와 함께 지구 온난화를 계기로 자본주의 시장경제의 지속 가능성에 대해 회의적인 견해가 급격히 늘고 있다. 개인의 탐욕이 지속 가능성에 커다란 장애물이 된다는 말이다. 개인의 사적 이익 추구가 경제적, 사회적 안정을 심각하게 해치는 수준에 이르렀기 때문이다.

자본주의 시장경제학의 아버지로 불리는 애덤 스미스Adam Smith는 자신의 책『국부론An Inquiry into the Nature and Causes of the Wealth of Nation』에서 시장 가격이 개인들의 탐욕을 적절한 선에서 조화시켜주는 '보이지 않는 손'이라고 설파했다. 하지만 이보다 앞서 그는 『도덕감성론The Theory of Moral Sentiments』이라는 저서에서 한 사회의 경제 발전 결과물을 모든 국민들이 공유할 수 없다면 도덕적으로 건전하지 못하고 위험해지며, 결국 사회 안정을 위협하게 된다고 강조했다. 도덕성이 자본주의 시장경제의 지속 가능성을 보장해주는 유일한 덕목이라고 강조한 셈이다.

그런가 하면 개인의 주관적 효용을 기준으로 가격이론을 구축한 신고전파 역시 완전경쟁시장의 조건에서 벗어나지 않는 범위 내에서만 개인의 탐욕을 인정했다. 개인의 탐욕이 완전경쟁시장을 넘어 독과점을 낳을 정도로 확대되면 독과점으로 인해 시장 가격이 왜곡되고 그로 인해 자원을 비효율적으로 낭비한다는 것이었다. 그래서 완전경쟁시장 조건을 보장하기 위해 미국은 1890년에 이미 독점금지법을 제정할 정도였다.

따라서 앞으로 자본주의 시장경제가 지속할 수 있을지 여부는 도덕적 양심을 바탕으로 한 경제 주체들의 의지에 전적으로 달려 있다고 해도 과언이 아니다. 이를 위해 경제 구조나 시스템 또는 경제 정책을 수립하고 추진하는 데 현재 세대의 탐욕만을 기준으로 결정해선 안 된다.

과거와 현재, 미래의 자식 세대를 동시에 고려해야 하고(통시간적), 또 계층 간, 지역 간, 국가 간 양극화 문제를 함께 고려해야 하며(통공간적), 인간과 자연환경이 조화를 이루도록(생태친화적) 결정해야 한다.

이는 결국 현재의 세대가 계층 간 양극화 문제에 대해 얼마나 공평하고, 자식 세대에 얼마나 공정하며, 자연과 인간의 상호관계에 대해 얼마나 양심적인가 하는 정도에 따라 지속 가능성이 결정된다는 뜻이기도 하다. 지금 한국 경제가 과연 그런 방향으로 나아가고 있는지는 매우 의심스럽다.

GDP를 둘러싼 오해와 진실

숫자가 모든 것을 보여주지는 않는다

최근 들어 한국 경제의 회복을 말하는 사람들이 늘고 있다. 이들이 제시하는 근거가 바로 '국내총생산GDP, Gross Domestic Product' 이라는 개념이다.

2008년 4분기에 전기 대비 −5.1%를 기록했다가, 2009년 들어 1분기에는 0.1%의 플러스 성장으로 돌아서더니 2분기와 3분기에 연속으로 2%를 훌쩍 넘어섰다. 2009년 2분기와 3분기 성장률을 환산하면 연간 10%가 넘는 경제 성장률을 보인 것이다. 이렇듯, 정부는 2009년 우리 경제 성장률이 당초 예상했던 마이너스 성장을 넘어서 플러스 성장을 할 것으로 예상하고 있다.

이 같은 예상 밖(?)의 회복이 상당 부분은 수십조 원에 달하는 재정 지출과 자동차 구입 세금 감면 혜택 등 대대적인 경기 부양의 효과라는 사실을 굳이 말할 필요는 없을 것 같다. 어차피 반짝 효과는 사라지게 마련이니까. 그 대신 앞으로도 계속 경제 성장을 두고 언급될 GDP에 대한 오해를 풀 필요가 있다.

일반적으로, 경제 성장이라는 것은 한 나라 내에서 생산 활동의 증가로 표시할 수 있다. 이 표시로 GDP를 사용하는데, 경제학에서 쓰는 말을 빌면 서로 중복되는 중간 생산물을 제외한 최종 생산물이다. 이는 금액의 개념이 아니다.

금액을 기준으로 하게 되면 산업 생산 활동이 전혀 증가하지 않고 가격만 상승하는 경우에도 경제가 성장한 것처럼 보일 수 있다. 이는 일종의 착시 현상이다.

다만 현실적으로 모든 산업의 생산물이 금액으로 측정되기 때문에, 통계적으로는 기준 연도를 정하여 비교 연도까지의 가격 변동 요인을 제거하고 '생산물 Product'의 수량 변화만을 추출하는 식으로 실질화real term하고 있다.

따라서 GDP 통계와 관련해 실질 GDP 금액이 얼마인가를 따지는 것은 엄밀히 말하면 잘못된 것이다. 정확한 의미는 GDP 성장률이다. 즉, 특정 연도를 기준으로 비교 연도까지의 생산물 성장률이 얼마인지가 의미 있는 것이다.

그래서 미국이나 일본 등 선진국에서 경제 성장을 나타내는 지표로 GDP 성장률을 따지지, GDP 금액이 얼마라고 말하지는 않는다. GDP 실질 금액은 GDP 성장률을 뽑아내기 위한 중간 자료에 불과하기 때문이다.

또 GDP 성장률이 높다, 낮다는 것만으로 경제가 발전했다고 말할 수도 없다. GDP는 투입을 감안하지 않은 산출의 개념이기 때문이다. 예를 들어 GDP 성장률이 5%라고 할 때, 그것이 50을 투입해서 달성된 것인지, 100을 투입해서 달성된 것인지 알 수 없다.

과거 1990년대에 장기 불황을 겪고 있던 일본이나 미국의 부시 정부가 막대한 재정을 투입해 3%의 경제 성장률을 달성했다고 했지만, 미래 세대 입장에선 자신들의 성장 잠재력을 잠식당한 것으로 봐야 한다. 미래에 써야 할 막대한 재정을 미리 앞당겨 써버렸기 때문이다.

우리나라의 경우도 크게 다르지 않다. 지난 2000년 이후 부동산 투기를 위해 막대한 가계 빚을 떠안게 됐고, 재정 지출이 급증함에 따라 최근 몇 년 새 국가 채무도 폭증하고 있다. 당장 눈에 보이는 3~4%대의 경제 성장률 역시 결국은 미래 세대의 희생을 바탕으로 하고 있다는 점은 부인할 수 없다.

또 하나, GDP 성장률은 총량gross 개념이다. 이 때문에 세대 간 또는 세대 내의 분배 문제를 전혀 반영하지 못하는 한계가 있다. 세계 최대 경제 대국인 미국의 경우 지난 2003년 이후 3%대의 높은 GDP 성장률을 기록했지만, 차상위 소득 이하 계층이 전체 인구의 6분의 1에 해당하는 5천만 명에 이를 정도로 양극화 현상이 심각하다. 총량 지표로서의 GDP 성장률의 한계를 잘 보여주는 사례다. 얼마 전에 한국을 방문했던 노벨 경제학상 수상자인 조셉 스티글리츠Joseph E. Stiglitz 미 컬럼비아대 교수도 이 같은 미국의 현실을 인정하면서, GDP 지표가 현실 경제를 제대로 반영하지 못하고 있다고 공개적으로 비판하기도 했다.

마지막으로 GDP 성장률을 둘러싼 또 다른 오해는 이를 장기적인 경제 발전의 개념으로 자주 혼동한다는 점이다. 이 때문에 성장률 자체만을 정책 목표로 삼는 근시안적인 오류를 범하기 쉽다. GDP 성장률은 분기 내지는 1년 단위의 경제 활동에 관한 단기적 개념일 뿐이다. 오히려 장기적 경제 발전의 개념에 가까운 것은 GDP 성장률이 아니라 잠재 성장률이라고 할 수 있다.

이 때문에 미국과 일본 등 경제 선진국에선 단지 양적인 GDP 성장률뿐 아니라 경제 발전의 궁극적 목적인 가계의 임금 소득 및 투자 소득을 높이는 데 더 큰 관심을 갖고 있다.

예를 들어, 과거 일본의 후쿠다福田康夫 총리가 우리나라의 전경련에 해당하는 게이단렌에 경제 성장의 성과를 근로자들에게 임금 인상으로 환원해야 한다고 요구했다. 이에 게이단렌 회장은 실제로 노사 간 임금 협상인 춘투春鬪에서 일괄 임금 인상으로 화답했다. 미국도 잠재 성장률 등을 기준으로 금리와 경제 정책을 운영하고 있다.

결국 GDP 성장률은 그 자체가 한 나라 공동체 구성원 모두의 인간적인 삶을 보장해주는 질적 경제 발전을 뜻하지는 않는다. 이는 단순히 경제 발전 달성을 위한 필요조건 중 하나에 불과할 뿐, 그 자체로 경제 발전 달성의 충분조건은 아니라는 말이다. 그런데도 '747공약'에서 볼 수 있는 것처럼 여전히 한국 정부는 GDP 성장률이 경제 발전의 궁극적 목표인 양 맹신하고 있다.

빈곤, 그 불편한 진실과 해법

경제학에서 말하는 가난의 뜻

이명박 정부가 이른바 친親서민 정책을 내놓으며 한때 지지율이 오르자, 정부와 여당이 잔뜩 고무된 듯 보인다. 원래부터 서민을 위한 정부였다는 등 온갖 치장술로 국민들의 머리를 어지럽히고 있다. 이미 현 정부의 각종 경제 정책 실패와 무능에 대해서는 그동안 꾸준히 언급했기 때문에 따로 말할 필요도 없을 것이다.

그런데도 요즘 정부가 내놓은 친서민 정책은 어찌 보면 기만적이라고밖에 할 수 없다. 미소금융재단이라든가, 대학생의 취업 후 등록금 대출 상환 제도, 보금자리주택 등은 정책의 추진 과정이나 내용 면에서도 부실하기 짝이 없다. 게다가 서민을 위한 정책이라고 하지만, 서민의 경계도 모호할뿐더러 정말 대책이 필요한 빈곤층은 철저하게 배제돼 있다. 오히려 4대강 사업 등으로 재정이 어려워지자 복지 예산을 줄여가면서 무리하게 사업을 추진하는 얼토당토않은 일을 벌이고 있지 않은가? 그러니 'MB의 신新빈곤층'이라는 말이 나오는 것이다.

솔직히 빈곤 문제는 보수든, 진보든 누구든 쉽게 말하면서도 구체적인 해결 방안은 선뜻 내놓지 못하는 어려운 문제다. 선거 때만 되면 어떤 정치 세력이든 앞장서서 빈곤 문제를 해결하겠다고 외치지만, 말 그대로 구호로만 끝나는 경우가 많았다. 빈곤에 대한 올바른 인식이 부족한 상황에서 제대로 된 해결책이 나온다는 것 자체가 무리일 수 있다.

그렇다면 빈곤을 어떻게 바라봐야 하는가? 빈곤 문제는 자본주의 시장경제 체제에서 경제 성장의 한 형태로 본다. 다시 말해 빈곤은 경제 성장에 수반되는 부정적인 측면이라고 보는 것이다. 개념적으로 보면 경제 성장과 빈곤은 정반대이며, 앞뒤가 맞지 않는 말이라고 생각할지 모르겠다. 하지만 빈곤은 분명히 경제 성장의 결과다.

흔히 경제 성장이라고 말할 때 일반인들은 5%니 7% 하는 식으로 양적인 성장을 생각한다. 정부 관료나 여야 정치인, 언론인들도 예외는 아니다. 예컨대 여야 정치권 사이에서 계속돼온 성장과 분배에 관한 논쟁을 보면 그렇다. 피상적이고 얄팍한 상식에 사로잡힌 성장론자들은 이 같은 양적인 경제 성장이 분배 문제를 포함하여 빈곤 등 모든 문제를 해결해준다고 주장한다.

그러나 빈곤과 분배 문제는 밀접하게 연관돼 있긴 하지만 정확히 말하면 별개의 문제다. 빈곤 문제가 경제 시스템에 내재된 본원적인 경제 현상이라면, 분배 문제는 세제나 사회보장제도와 같은 제도적인 문제다. 즉, 빈곤은 경제 현상이며 분배는 제도라는 것이다.

빈곤 문제는 분배 제도를 개선함으로써 계층 간 소득 재분배를 통해 완화할 수 있지만 근본적인 치유는 불가능하다. 자본주의 시장경제 체제하에서는 분배 제도를 통해 빈곤 문제를 원천적으로 치유하는 것이 사실상 어렵다. 따라서 빈곤 문제를 근본적으로 해결하기 위해서는 우선 이를 경제 현상으로 인식하는 데서부터 출발하지 않으면 안 된다.

빈곤은 크게 2가지 유형이 있다. 생물학적 절대 빈곤과 경제적 상대 빈곤이 그것이다. 생물학적 절대 빈곤은 인간이 생물체로서 생명을 유지하는 데 필요한 최소한의 영양도 섭취할 수 없을 만큼의 상태를 말한다. 쉽게 말하자면 굶어 죽는 수준의 빈곤이다.

이에 비해, 경제적 상대 빈곤이란 생물학적 절대 빈곤은 넘어있지만 다른 사람들과 비슷한 수준의 경제적 생활이 곤란한 상태를 말한다. 절대적 빈곤 문제는 인도주의적 차원에서 최저 생계를 어떻게 보장할 것인가 하는 문제이지만, 상대적 빈곤은 평균적 생활을 기준으로 한 계층 간의 소득 격차라고 말할 수 있다.

여기서 잠깐 미국의 예를 보자. 미국은 자본주의 시장경제의 대표적 모델로, 경제 성장을 지속해오고 있는 나라다. 그러나 절대적 빈곤이나 상대적 빈곤 문제를 근본적으로는 해결하지 못하고 있다. 오히려 상대적 빈곤은 더욱 심화되고 있다.

수치상으로 보더라도, 지난 2005년 기준으로 최저 생계비 (연 2만 달러) 이하 소득 인구수가 3700만 명이나 된다. 또 최저 생계비보다 약간 많은 소득을 올리는 차상위 계층까지 포함하면, 한국 인구수보다 많은 4950만 명에 달한다. 게다가 2008년 미국발 금융위기 이후, 심각한 고용 악화에 따른 절대적, 상대적 빈곤층의 숫자는 더 늘어났을 것이다.

이에 반해 같은 자본주의 시장경제를 지향하고 있는 일본은 다르다. 최저 생계비 이하 생활보호 대상자가 142만 명으로 전체 인구의 1.1%에 불과하다. 잠재적 생활보호 대상자를 감안하더라도, 전체 인구의 5%인 650만 명 정도다. 똑같이 자본주의 시장경제 체제에서 경제 성장을 지속적으로 추진하는데도 왜 이렇게 차이가 나는 것일까? 이는 경제 성장 추진의 방법론에 차이가 있기 때문이다.

노동과 일자리 관점에서 보면, 일본은 노동을 장기적인 인적 자본으로 인식하고 고용 안정 속에서 노동 인력의 재교육이 체계적이고 효율적으로 이뤄지고 있다. 특히 과거 자본 집약적 성장 패러다임에서 기술 집약적 성장으로 바뀌는 과정에서 발생한 구조적 실업과 이에 따른 빈곤 문제에 일본식으로 대응한다.

반면 미국의 경우는 성장 패러다임의 변화 속에서 대부분이 개인 스스로가 자력으로 대응하는 경제 체제다. 따라서 자본이 부족하거나 교육을 제대로 받지 못해 변화에 적응하기 어려운 개인들은 상대적 빈곤층 또는 절대적 빈곤층으로 전락할 수밖에 없다. 그 결과 상대적 빈곤이 지속적으로 심화되고 있는 것처럼 보인다.

우리나라도 미국과 크게 다르지 않다. 오히려 더 심한 수준이라 할 수 있다. 한국의 경우 최저 생계비 이하의 기초생활수급자는 150만 명이다. 그러나 이는 어디까지나 정부가 부족한 재정에 맞춘 숫자일 뿐이다. 실제로는 소득 분위별 근로자 계층의 가계 수지를 바탕으로 추정해보면 전체 1590만 가구의 30%에 이르는 477만 가구가 차상위 소득 이하의 잠재적 빈곤 계층에 해당한다.

굳이 빈곤과 경제 성장을 연결해 생각해본다면, 빈곤은 경제 성장의 위험 측면을 나타내는 지표로 볼 수도 있다. 경제 성장은 5% 또는 7% 성장과 같이 1차원적인 총량적 개념만으로 정의되는 것은 아니다.

주식 투자를 해본 사람이라면 세상에 공짜가 없다는 것을 잘 알 것이다. 투자자가 높은 기대 수익률을 추구할수록 그에 비해 손실을 입게 될 위험 부담도 커진다는 말이다. 마찬가지로 불확실성으로 가득 찬 시장경제하에서는 총량적 성장을 높이려고 할수록 그에 따른 부작용, 즉 위험도 커지게 된다. 체력에 맞지 않게 경제 성장을 무리하게 추구할수록 그에 따르는 위험 부담도 커지는 것은 당연한 이치다. 무리한 경제 성장에 수반되는 위험, 그것이 곧 빈곤인 셈이다. 주식 투자에서 수익과 위험이 서로 비례 관계에 있듯이, 경제 성장과 빈곤 역시 비례 관계에 있다고 본다.

즉, 경제 성장을 지속할수록 그에 비례하여 평균적 생활수준을 영위하기가 점점 어려워지는 상대적 빈곤 문제가 확대되는 것이다. 이것이 바로 자본주의 시장경제에서 경제 성장에 내재된 위험이라고 할 수 있다.

따라서 빈곤 문제를 최소화하기 위해서는 빈곤을 바라보는 시각부터 바꿔야 한다. 모든 사람들이 생물학적 유전인자에 의해 태어날 때부터 다양성과 차별성이 내재된 것처럼, 빈곤 역시 자본주의 시장경제에 내재되어 있는 본원적인 현상으로 인식해야 한다는 말이다.

그렇기 때문에 빈곤 문제는 소득 재분배와 같은 방식으로는 절대 해결할 수 없다. 소득 재분배 방식은 최선책이 아니라 차선책에 지나지 않는다. 소득 재분배 방식은 빈곤 문제의 원인 치료가 아니라 대증對症 치료에 불과하기 때문이다. 원인을 치료하지 않고 대증적 치료만을 위해 돈을 투입해서는 근본적인 해결이 불가능하다.

결국 성장 패러다임의 변화 속에서 구조적으로 발생할 수밖에 없는 실업과 빈곤 문제는 정부와 기업이 나서서 노동 인구를 지속적으로 재교육하는 동시에 사회보장제도를 정비하는 작업이 반드시 선행돼야 한다. 또한 사람, 즉 인적 자본에 대한 인식의 대전환과 함께 변화에 적합한 인적 자본 양성을 위한 정책적 방법론도 적극적으로 모색해야 한다.

이 가운데서 빈곤 문제를 최소화하고, 적절한 수준의 경제 성장을 추구하는 것이야말로 빈곤과 성장의 문제를 동시에 해결할 수 있는 최선의 방법이다. 이미 우리 사회에는 빈곤 문제라는 불똥이 발등에 떨어져 활활 타오르고 있다. 우리에게 주어진 시간이 그리 많지 않다.

녹색이라는 이름

'녹색 성장'이라는 구호의 이면

말 그대로 녹색이 유행이다. 정부는 물론이고 기업에 이르기까지, 녹색 성장, 녹색 뉴딜, 그린Green 시대 등 한마디로 녹색의 홍수다. 친환경, 바이오 연료 등 차세대 신재생 에너지 개발과 이를 통한 진정한 녹색 성장이라면 두 손 들고 환영할 만한 일이다. 정말 그렇게 되길 바란다. 그러나 현 정부가 내세우는 녹색 정책을 보고 있자면 답답함을 넘어서 안타까울 정도다.

2009년 초 기획재정부가 야심차게 내놓은 '일사리 창출을 위한 녹색 뉴딜 사업 추진 방안'을 봐도 그렇다. 이 대책은 2008년

8월 이명박 대통령이 국민 여론에 굴복해 대운하 사업을 포기한다면서 대신 내세운 녹색 성장 비전을 구체화한 것이다.

이렇게 해서 나온 사업과 대책이란 것이 4대강 정비 사업에 22조 원을 들이고, 전국에 4000km가 넘는 자전거 길을 만든다는 내용이었다. 정부 방안대로라면 4년에 걸쳐 모두 50조 원을 투입해서 96만 개의 일자리가 만들어진다.

그러나 정부가 작성한 통계를 보더라도, 2008년 11월 현재 실업자 수는 75만 명이다. 녹색 뉴딜 사업으로 96만 개의 일자리를 창출하겠다는 것은 완전 고용을 넘어 인플레이션을 유발하겠다는 것이나 다름없는 이야기다. 서둘러 언론 플레이를 하려다 보니 앞뒤도 안 맞는 엉터리 정책을 내놓은 셈이다. 정부가 이 같은 대책을 내놓을 당시엔 글로벌 금융위기의 여파가 최고조에 달했을 때였다. 한마디로 대통령과 여당의 입맛에 맞게 기획재정부가 며칠 만에 뚝딱 만들어낸 엉터리 대책임을 반증하고 있는 것이다.

솔직히 기획재정부가 발표한 50조 원 녹색 뉴딜 사업도 어떻게 만들어졌을지 안 봐도 뻔하다. 각 부처의 몇몇 관료들이 며칠 동안 사업 꼭지들의 예산 수치를 짜 맞추어 대통령에게 보고하고 보도자료를 만드느라 고생했을 것이다. 대한민국의 역대 대통령들과 여야 정치권 그리고 정부 관료들은 참으로 모두 천재들이다. 수년, 수십 년에 걸쳐 추신되어야 할 중요한 정책을 며칠 만에 생각해내고 단 며칠 사이에 뚝딱하고 만들어내니 말이다. 이런 행태는 예나 지금이나 변한 게 없다.

정말로 경기 부양을 하려면 50조 원을 투입해서 엉터리 녹색 뉴딜 사업으로 96만 개의 일자리를 만들겠다는 기만적인 거짓말보다는 50조 원을 96만 명에게 그냥 나누어주는 편이 백 배, 천 배 효과적이다. 쉽게 계산해서 50조 원을 100만 명에게 나누어준다고 가정하면 한 사람당 5천만 원씩 주는 셈이다. 100만 명에게 어느 날 갑자기, 또는 앞으로 4년 내에 5천만 원의 공짜 돈이 생긴다면 이것만큼 확실한 내수 진작 경기 부양책이 어디 있겠는가? 공짜 돈 5천만 원이 생기면 차도 사고 가전제품도 사고 외식도 하고 마구 쓰기 쉽다. 자기가 땀 흘려 번 돈은 절대로 마구 쓰지 않는다.

4대강 정비 사업과 자전거 도로 확충도 마찬가지다. 이명박 대통령은 주례 라디오 연설에서 인도와 자전거길을 구분하고, 자전거 보험, 지하철 자전거 소지자 전용칸 설치 등 자전거 활성화를 위한 제도적인 대책을 소개하면서, 자동차 대신 자전거 이용을 늘리는 것이 세계적 추세이자 우리가 가야 하는 길이라고 했다. 또한 이 대통령은 총 2000km에 걸친 전국 자전거 도로 설치 계획을 내놓았고, 자전거 동맥이 각 마을과 도시에도 모세혈관처럼 연결될 것이라며, 개발이 덜 된 곳일수록 매력을 키우면 자전거 여행객들을 끌어들여 동네 골목 경제를 살리는 데에도 큰 도움이 될 것이라고 말했다.

대통령의 말처럼 자전거 도로를 정비하고 4대강을 정비하는 일이 필요할 수 있다. 그러나 정말 묻고 싶다. 경제위기가 심화되어 한국 경제의 성장 동력이 고갈되고 있는 지금 이 마당에 수많은 돈을 들여 수천 km에 달하는 자전거도로를 만들고 4대강을 정비하는 것이 대통령과 정부가 목매달아야 할 정도로 시급한 일인가 하고 말이다. 이런 것이 21세기 한국 경제를 이끌어갈 새로운 차세대 성장 동력 사업이자 정책이라고 할 수 있겠는가 말이다. 국가 빚이 폭증하고 있는 마당에 자전거 도로 만들기나 4대강 정비 사업에 천문학적인 돈을 쏟아 붓는다고 해서 21세기에도 안정적인 일자리를 계속 창출할 수 있는가 말이다. 부동산과 건설에 '몰빵'하는 엉터리 정책 남발로 글로벌 경쟁에 밀려 20세기형 산업의 일자리도 제대로 유지하지 못하는 판국에 말이다.

물론 정말로 필요하다면 해야 한다. 그런데 과연 그런가 말이다. 아무 데나 녹색 성장이라는 말을 붙인다고 해서 녹색 성장 정책이 되는 것이 아니다. 글로벌 경기 불황이 장기화될 위험에 처한 가운데에서도 선진국들이 없는 재정을 동원하여 21세기의 새로운 성장 동력을 확보하기 위해 친환경 관련 첨단 산업 육성에 몰두하고 있는 마당에, 한국의 대통령이란 사람은 전국에 자전거 도로를 만들고 4대강을 정비하는 것이 녹색 성장 정책이랍시고 떠들어대고 있다. 그것도 각국 정상들이 경제위기를 해결하자고 모인 국제 외교 무대에서까지 자랑했다고 하니, 다른 나라 정상들이 얼마나 속으로 비웃었을까를 생각해보면 참으로 한심하기 그지없다.

서울과 수도권 등만 해도 언덕이 많아 자전거 도로를 만들기 어렵다는 것은 이미 여러 번의 시행착오를 거쳐 확인되었다. 뿐만 아니라 자전거 도로 조성은 각 지자체가 지역적 형편과 특성에 따라 할 일이지, 대통령이 나서서 목매달고 나설 일이 아니다. 뿐만 아니라 고유가 시대에 에너지 절약을 위해 자전거 도로를 만들겠다고 주장하기에 앞서 잘못된 자동차 정책부터 시정하는 편이 낫다.

이는 주요 선진국별 승용차 차종별 내수시장 현황을 보면 뚜렷이 드러난다. 2008년 기준으로 미국은 경차 및 소형차 비중이 33.3%로 선진국 가운데 가장 낮은 반면, 중·대형차 비중은 66.7%로 가장 높다. 이처럼 중·대형차 내수시장의 비중이 높다는 사실은 중·대형차 중심으로 생산, 판매를 해온 빅3가 이번 경제위기로 가장 큰 타격을 받고 있는 이유이기도 하다.

미국과는 달리 유럽의 선진국과 일본은 경차 및 소형차 비중이 중·대형차보다 훨씬 높다. 독일은 경차 및 소형차 비중이 56.5%이며, 프랑스는 78.3%이고, 이탈리아는 무려 83%, 스페인도 74.6%에 이르고 있다. 세계 자동차 생산 강국인 일본의 경우에도 경차와 소형차 내수 비중은 66%에 달하고 있다.

그런데 한국은 경차 및 소형차 내수 비중이 41%이며 중·대형차가 59%로 미국과 비슷하다. 유럽 선진국이나 일본처럼 국토가 좁고 기름 한 방울 나지 않는 나라인데도 한국 정부는 지금까지 자동차업체의 이익만을 고려하여 중·대형차 소비를 장려해온 것이다.

경차 및 소형차 비중을 이웃 일본 수준인 66%로 끌어올린 다고 생각해보라. 얼마나 에너지가 절약되겠는가? 경차나 소형차 소비를 촉진하는 각종 자동차 관련 세제 개편과 경차 및 소형차 위주의 친환경 자동차 개발 정책을 적극적으로 추진하는 것이야말로 제대로 된 친환경 녹색 성장 정책이라고 할 수 있지 않겠는가?

미국과 일본 등도 우리와 같이 경제위기에 직면해 있지만 안정적이고 지속적인 성장을 위한 차세대 성장 동력으로 친환경 관련 사업을 적극적으로 추진하고 있다. 이미 세계 전기자동차시장을 석권하고 있는 일본은 연료 전지 분야뿐 아니라 태양광 산업의 경쟁력 강화를 위해 정부와 민간이 함께 머리를 맞대고 대책을 내놓고 있다.

그러나 우리는 수십조 원의 돈을 들여가며 4대강 운운하며, 밑도 끝도 없이 전국 자전거 도로망 만들기를 추진한다는 식으로 질러대고 있다. 대통령이야 자전거를 타고 싶을지 모르겠으나, 일반 서민들은 먹고사느라 정신없이 바쁜데 힘들게 자전거를 탈 여유가 없다.

일반 국민들은 시급하지도 않은 자전거 도로와 4대강 정비보다는 대중교통의 효율성을 높이고, 일자리 안정과 새로운 일자리 창출을 간절하게 바라고 있다. 21세기에도 지속적인 성장과 일자리 창출이 가능한 진짜 친환경 녹색 성장 정책으로 성장 잠재력을 높여주기를 원한다.

일반인들이야 무식해도 큰 문제가 안 되겠지만, 대통령과 정부, 정치권이 집단으로 무식하면 나라를 말아먹는다. 무식한 데는 약도 없다. 아직도 현 정권 임기가 3년이나 남았다는 것이 안타까울 뿐이다.

일본에서 잘못 배운 버블 붕괴의 교훈

구조 개혁이 핵심이다

기업의 경쟁력은 원가 절감을 통해 강화된다. 마찬가지로 한국 경제의 경쟁력 강화의 핵심 요소 또한 원가 절감이라고 할 수 있다. 한국 경제 전체로 볼 때 생산 요소인 주택을 포함한 부동산과 인력, 기술 혁신 등을 저렴한 비용으로 투입하여 최대한의 수익을 창출할 수 있도록 하는 것이 곧 경쟁력을 강화하는 길이다. 예컨대 서비스업의 최대 투입 요소로는 인건비와 부동산을 들 수 있다. 그런데 한국 경제 경쟁력 강화의 궁극적인 목적이 열심히 일하는 사람들은 누구든 잘 먹고 잘살 수 있도록 하는 것이라면 인건비는 경제 전체의 평균적인 소득 수준에 맞추어갈 수밖에 없어 쉽사리 줄일 수 없다. 따라서 서비스업의 경쟁력 강화를 위해서는 결국 부동산 비용을 줄이는 방법밖에는 없다.

그런데 지난 몇 년간의 극심한 부동산 투기로 인해 수도권 신도시 지역의 30평형대 아파트는 전세가만 1억5천만 원에 이른 한편 분양가가 3억~4억 원을 쉽게 넘고 매매가는 5억 원을 웃도는 상황이 지속됐다. 말하자면 한국의 주택시장은 한 주택에 대해 일물일가一物一價가 아닌 일물삼가一物三價가 형성되는 기이한 형태가 되었다. 이 경우, 한국 경제의 경쟁력을 강화하기 위해 정부가 취해야 할 부동산 대책은 너무나도 자명하다. 굳이 소유 중심이니 활용 중심이니 하는 소리를 하지 않더라도 똑같은 주택을 1억5천만 원의 전세가에 공급하는 것과 3억 원을 넘는 분양가 또는 5억 원을 넘는 매매가에 공급하는 것 중 어느 쪽이 한국 경제의 경쟁력을 더욱 강화하는 방안이 될까? 당연히 1억5천만 원의 임대 혹은 전세 주택을 공급하는 편이 2~3배 이상 저렴한 공급 방식이 된다. 즉, 1억5천만 원짜리 임대 주택 공급을 늘리는 것이 한국 경제의 원가 경쟁력을 2~3배 이상 높이는 결과가 된다는 뜻이다.

똑같은 물건이나 서비스라면 더 저렴한 가격에 공급하는 것이 자본주의 시장경제의 경쟁 원리다. 더구나 1억5천만 원짜리 임대 주택 공급 확대는 처음부터 투기꾼들에게 투기판을 만들어주지 않겠다는 것이다. 반면 분양 주택 공급 위주의 신도시와 역세권 개발을 끊임없이 추진하는 것은 투기꾼들에게 새로운 투기판을 끊임없이 만들어주는 셈이다.

부동산 버블 붕괴가 가시화되면서 부동산시장이 경착륙을 하게 되면 일본처럼 장기 불황에 빠질 수 있으니 연착륙시켜야 한다는 주장이 많다. 말은 그럴듯하게 들린다. 그러나 이런 연착륙이야말로 장기 불황을 초래하는 위험한 일이다. 나아가 버블의 메커니즘을 제대로 이해하지 못한 무지의 소치라고 하지 않을 수 없다. 부동산 가격이 오를 때에는 순식간에 폭등하도록 놔두고 꺼질 때에는 정부가 나서서 서서히 꺼지게 한다는 것은 우선 정책의 형평성 면에서도 문제다. 그러나 버블은 속성상 형성될 때에도 급격히 형성되지만 꺼질 때에도 급격히 붕괴한다. 인위적으로 막는다고 해서 막아지는 것이 아니다.

뿐만 아니다. 주택시장의 엄청난 버블을 인위적으로 오랫동안 유지할수록 경제의 자원 배분과 효율성은 기하급수적으로 떨어진다. 버블이 생겨나면 앞에서 본 것처럼 자원의 효율적 배분이 심각하게 왜곡되기 때문이다. 따라서 버블을 오래 유지할수록 경제적으로는 막대한 기회비용이 누적되는 셈이다. 엄청난 기회비용을 하루라도 빨리 해소하지 않으면 그만큼 경제적으로 손해가 늘어난다는 말이다.

물론 버블이 붕괴될 경우 상투를 잡은 계층의 일시적인 충격은 피할 수 없겠지만 버블이 계속돼 전체 경제의 기회비용이 누적되는 폐해는 더 크다. 따라서 부동산 거품을 빼는 것이 경제적으로 이득이라고 할 수 있다. 그런 점에서 버블 연착륙 운운하는 주장은 경제 논리나 이치에 맞지 않는다.

흔히 버블 연착륙을 주장하는 사람들은 대부분 1990년대 일본 부동산 버블 붕괴를 예로 든다. 일본이 부동산 버블 붕괴 이후 10년 이상 장기 불황에 빠진 사례를 들어 '연착륙이 필요하다'고 주장하는 것이다.

그러나 이러한 주장은 일본의 사태를 제대로 이해하지 못한 데서 비롯된 오해다. 1980년대 말의 부동산 버블이 붕괴된 후 일본이 장기 불황에 빠지게 된 가장 큰 이유는 물론 버블 붕괴에 따른 충격이 가장 크지만 그에 못지않게 버블 붕괴로 인한 부실기업과 금융기관의 부실 채권을 신속하고 과감하게 구조 조정하지 않은 데 기인한다.

일본이 1990년대 초에 버블이 붕괴될 때 곧바로 부동산 투기로 인해 부실화된 대기업들과 금융기관들의 대규모 부실 채권을 신속하고 과감하게 정리했더라면 10년이 넘는 장기 불황에 빠지지는 않았을 가능성이 높았다. 당시 일본 정부는 막대한 차입 금융 비용을 들여 회생 불능에 빠진 부실기업과 금융기관의 부실 채권 처리를 미뤘다. 일본 기업과 금융기관들은 정부 관료들과 정치권의 묵인 아래 그 사실을 은폐하려 하거나 분식 회계 등으로 위장하려 했다. 결과적으로 이것이 일본 경제의 불황을 장기화시킨 주범

중 하나인 것이다.

　일본의 부동산 버블 붕괴에 따른 본격적인 구조 조정은 1990년 버블이 붕괴되기 시작한 지 만 8년 만인 1998년 동아시아 외환위기를 계기로 시작된다. 그전에는 버블 붕괴 과정에서 경기를 연착륙시킨다는 미명하에 정부 관료들과 정치권 로비 등을 통해 막대한 재정 적자를 일으켜 경기 부양책을 펴는 등 온갖 수단과 방법을 동원했다. 그러나 결국에는 버티지 못하고 막대한 국가 채무만을 양산한 채 무너진 것이다. 그런데 1998년 금융위기 때에도 일본 정부와 정치권은 일본 경제는 여전히 건장하다는 주장으로 일관했으며 일본 경제의 위기를 부정했다.

　1998년에 소프트뱅크 손정의 회장이 인수하여 유명해진 일본장기채권은행과 일본흥업은행(한국의 산업은행에 해당) 등 국책은행의 파산을 시작으로 버블 붕괴가 일본 금융시장을 강타했다. 이어서 소고, 다이에, 세이부 등 일본을 대표하는 대형 유통 그룹과 대규모 건설 회사 등이 줄줄이 도산하기 시작했다. 그리고 부실기업들의 줄도산으로 막대한 부실 채권을 이기지 못하고 은행 간 통합을 통한 구조 조정이 시작되었다. 당시 11개였던 도시 은행들이 통폐합 과정을 거치면서 현재는 미쓰비시UFJ그룹, 미즈호그룹, 미쓰이스미토모그룹의 3개 금융지주회사 그룹으로 합병되었다.

　일본 정부와 정치권이 버블 붕괴 직후인 1990년대 전반에 과감하고 신속하게 부실기업과 부실 금융기관을 구조 조정했더라면 장기 불황에 빠지는 사태는 피할 수 있었을지도 모른다. 일본 정부는 1990년 이후 버블 붕괴에 따른 연착륙을 위해 신속한 구조 조정 대신 10여 차례가 넘는 대규모 경기 부양책을 시도했다. 그러나 결과적으로는 천문학적인 액수의 국가 채무만을 남긴 채 실패하고 말았다. 일본의 사례에서 볼 수 있는 것처럼 버블 붕괴를 막기 위해 어설프게 연착륙시키려 할수록 경제는 안으로 썩어 들어갈 뿐이다. 버블이라는 썩은 부위가 재빨리 제거되지 않고 오랫동안 유지될수록 건전한 다른 경제 부문까지 부실해지기 때문이다. 그 결과 장기 불황이라는 늪에 빠지게 되는 것이다.

정부 차원의 자발적이고 본격적인 구조 조정은 버블 붕괴 이후 11년 만인 2001년 고이즈미小泉純一郎 내각이 들어서면서부터 시작됐다. 고이즈미 내각이 2001년부터 본격적인 구조 조정을 단행하자 장기 불황의 늪에서 탈출하기 시작한 것은 잘 알려진 사실이다.

고이즈미 내각의 구조 조정은 부실기업과 부실 금융기관에 대한 구조 조정에서 그치지 않았다. 정치 개혁과 정부 개혁, 교육 개혁, 재정 개혁, 세제 개혁, 지방분권 개혁, 사법 개혁 등 국가 전반에 관한 과감하고 근본적인 개혁으로 확산되었다. 고이즈미 총리가 일본 국민으로부터 압도적으로 지지를 얻은 것은 야스쿠니 신사 참배 등과 같이 보수 우익 노선을 표방했다거나 일본 국민의 보수 우경화 경향 때문이 아니다.

오히려 1990년대 초 버블 붕괴에 안이하게 대처해온 일본 정부 관료 시스템을 가차 없이 개혁했기 때문이다. 역대 총리 중에 어느 누구도 일본 정부 관료들의 '철밥통'을 과감히 깨트리지는 못했다. 그런데 고이즈미 총리가 처음으로 그 일을 해낸 것이다. 문부성과 과학성을 통합한 문부과학성과 후생성과 노동성을 통합한 후생노동성 그리고 국토성과 교통성을 통합한 국토교통성 등 정부 부처 통폐합, 공무원 수 5% 감축, 민간 부문에 비해 너무 많은 공무원 급여의 삭감, 560여 개 정부 산하 기관의 과감한 통폐합과 민영화 및 독립 행정 법인화, 도로공사의 분할 민영화, 우정공사의 민영화 등을 추진한 것이다. 물론 이러한 정부 부문 개혁이 고이즈미 정부 때 시작된 것은 아니다. 이미 1997년부터 지속적으로 검토되고 논의된 끝에 고이즈미 정부에서 시행하게 된 것이다. 국회 해산과 총선으로 우정공사 민영화에 반대하는 정부 관료들과 자민당 내 반대파를 축출하면서까지 개혁을 추진한 고이즈미 총리의 과감한 정부 개혁에 일본 국민들이 열광한 것이다. 물론 고이즈미 개혁의 성과가 2003년 이후 중국을 중심으로 한 BRICs의 고성장과 미국 등의 투기 버블로 인한 호황 덕분이라는 비판이 제기되고 있는 것도 사실이다.

이에 비해 한국의 경우, 아직도 부동산 가격을 떠받치기 위해 골몰하는 여야 정치권의 무능과 무지로는 한국 경제의 건전한 발전을 기약할 수 없다. 이런 점에서 정부 개혁과 정치 개혁 없이는 한국 경제의 장래를 기약할 수 없다.

　　한국 경제가 파탄 나는 상황은 피해야 하겠지만, 주택시장의 버블은 자산시장의 가격 조절 메커니즘에 따라 일정한 수준까지는 해소되도록 놔두어야 한다. 그것이 전체 경제의 기회비용을 최소화하는 최선의 방책이다. 부동산 버블이 붕괴되면 일시적으로 충격이 있겠지만 중장기적으로는 엄청난 기회비용을 절감하게 되는 셈이다. 현 정권과 정부 관료들이 지금처럼 연착륙이라는 미명 아래 버블 붕괴로 인한 부실을 과감하고 신속하게 처리하지 않고 미봉책으로 일관하는 것이야말로 한국 경제를 장기 불황의 늪에 빠뜨리는 지름길이다.

　　시간은 조금 걸리겠지만, 부동산 버블이 붕괴되면 가계 소비가 정상으로 되돌아올 것이며 임금 인상을 둘러싼 노사 분규도 줄어들 것이고 저출산 고령화에 대한 사회보장비 역시 획기적으로 줄어들 것이다. 또한 부동산이 원가의 중요한 부분을 차지하는 서비스업의 경쟁력도 자연스럽게 강화될 것이다. 이처럼 부동산 버블이 붕괴되면 그로 인한 단기적인 충격은 크겠지만, 중장기적으로 얻게 되는 경제적 이득이 압도적으로 크다는 점을 명심해야 한다. 세상에 공짜 점심은 없다. 과감한 부실 처리와 구조 개혁 없이는 한국 경제의 건전한 발전을 기대할 수 없다.

부동산을 바라보는 시각

대한민국 부동산 공화국의 최후

한 나라의 경제 목표는 궁극적으로 모든 국민들이 잘 먹고 잘살게 끔 하는 것이다. 즉, 모든 국민들이 열심히 일해서 소득을 늘리고, 질 높은 생활을 누릴 수 있게 하는 것이다. 그래서 일자리가 중요하다. 물론 일자리의 양적 개념도 중요하지만, 안정적인 일자리가 더욱 중요하다.

일자리는 대체로 생산 경제(제조업 등)에서 창출된다. 금융 등 자산 경제에서도 만들어지지만 생산 경제에서 창출되는 것에 비할 비기 못 된다. 또 모든 사람들의 일자리를 안정적으로 유지하기 위해서는 경제가 어느 정도 지속 가능한 성장을 할 수 있어야 한다. 근대 경제학의 최대 관심사는 생산 경제의 지속 가능한 발전에 관한 것이다. 금융 경제는 생산 경제의 그림자다. 가장 이상적인 성장은 자원이 어느 한쪽으로 지나치게 치우치지 않고, 생산 경제와 자산 경제에 적절하게 배분돼 시너지 효과를 내며 돌아가도록 하는 것이다.

이런 측면에서 보면, 지난 2000년 이후 지속돼온 한국의 부동산 투기 광풍은 생산 경제와 자산 경제의 균형을 완전히 깨트렸다고 생각한다. 그래서 지금 일자리가 제대로 만들어지지 않는 것이다. 지속 가능한 생산 경제의 발전을 위해서는 주택이나 의료, 최저 생계, 교육 등 국민들이 필수적으로 누릴 수 있는 기본권을 가능한 한 저렴하게, 누구든지 쉽게 접근할 수 있게 할 필요가 있다. 그래야 생산 경제의 원가 경쟁력이 생기고, 지속 가능한 생산 경제의 발전도 이룰 수 있다. 또한 이것이 모두가 더불어 살 수 있는 경쟁력 있는 경제다.

그런데 지금은 어떤가? 정부나 정치권이 부동산 가격 뻥튀기 정책을 남발해서 자산 경제를 지나치게 비대화시키는 데 혈안이 돼 있다. 이러면 생산 경제는 말할 것도 없고 자산 경제도 버블 붕괴를 피할 수 없게 된다. 물론 그 이후 경제는 몰락의 길로 접어들게 된다.

무엇보다 생산 경제를 넘어서 자산 경제가 비대해지면 필연적으로 버블이 생길 수밖에 없다. 특히 단기간에 자산 경제가 비대해지는 이유는 대부분 가계나 기업 또는 정부의 과다한 부채 때문이다.

일본의 1980년대 부동산 버블과 최근 미국의 서브프라임론 사태를 보라. 모두 과다한 부채에 때문에 자산 경제가 부풀어 올라 터진 것이다. 2008년 부시Bush 전 대통령도 "서브프라임론 사태는 월가의 빚잔치 때문에 생긴 것"이라고 말할 정도였으니. 한국의 부동산 투기 버블도 가계의 막대한 부채와 국가 채무 급증에 기인한 것이다.

한때 정부와 정치권에서 "아파트값 올려서 부자 되게 하는 게 뭐가 나쁘냐"는 말이 나돌기도 했다. 한마디로 어이가 없다. 정부와 민간이 서로 어떤 역할을 하는지에 대한 기본 개념조차도 없다는 뜻이다. 도대체 이런 생각을 가진 사람들이 어떻게 한 나라의 경제를 운영하는지 이해가 되지 않았다. 이들에게 부자 되는 사람 따로 있고 가난한 사람 따로 있는지, 또 그들이 말하는 부자는 누구이며 부자 아닌 사람은 누구인지 묻고 싶다.

가장 알기 쉽게 물어보자. 아파트 값을 올리기만 하면 모두가 잘 먹고 잘살 수 있는가? 자자손손 지속 가능한 성장을 할 수 있는가? 21세기 지식정보화 시대에 지식 기반 첨단 기술을 바탕으로 경제의 성장 잠재력을 키워갈 수 있는가?

경제 정책의 최대 과제 중의 하나가 물가 안정이다. 자장면 값이나 화물 운송료는 억제해야 할 물가이고, 아파트 가격은 물가가 아니냐고 반문하고 싶다. 그래서 마구잡이로 올려도 좋은 것이냐 말이다. 뿐만 아니다. 부동산 투기로 돈 번 사람들에 반해 뛰는 집값 때문에 착취당하는 사람들은 도대체 뭐냐고 묻고 싶다. 자기 욕심으로 빚내서 투기한 사람은 보호해야 할 대한민국 사람이고, 뛰는 집값을 바라만 볼 수밖에 없는 가난한 사람들은 방치해도 되는가? 이 사람들은 대한민국 사람이 아닌가? 그래서 정부의 최대 정책 과제인 물가 안정의 보호 대상은 아니냔 말이다.

참으로 유치하기 그지없는 이야기를 하나 하겠다. 집값을 올려서 다 잘 먹고 잘살 수 있다면, 모든 국민들이 분양가 20억 원짜리 아파트를 은행에서 대출 받아 사게 하고 50억 원, 100억 원으로 시세를 올려주면 된다. 그런 경제에서는 정부가 굳이 필요 없다. 건설사들은 떼돈을 벌고, 은행들은 막대한 대출로 엄청난 수익을 올릴 것이며, 국민들도 엄청난 시세 차익으로 부자가 될 것이기 때문이다. 그리고 모두 그 돈으로 일할 필요도 없이 편하게 먹고살면 되지 않겠는가? 나아가 은행 대출 이자도 모두 0%로 해버리면 더욱 좋을 것이다. 어차피 집값 올리기가 목적인만큼 은행 수익률 감소쯤은 감수할 만큼 대수롭지 않게 생각할 테니 말이다.

그런 경제에서는 기업이 굳이 사업을 할 필요가 없다. 건설 사업만 하면 된다. 실제로 적지 않은 기업들이 생산 활동을 포기하고 부동산 투자나 부동산 사업으로 업종을 바꾸고 있다. 이런 경제가 과연 지속 가능한 일자리를 만들고 성장할 수 있겠는가!

그러나 그다음에는 몰락이 다가온다. 모든 사람들에게 아파트 한 채씩을 주고 나면 더 이상 할 것이 없어진다. 지속 가능한 성장을 하기 위해서 계속해서 무한대로 아파트를 짓지 않으면 안 되기 때문이다. 아니면 기존 아파트 가격을 200억 원, 300억 원으로 부풀려 계속 거래하도록 하는 것이다. 끝없는 은행 대출을 바탕으로 말이다.

이처럼 이야기가 말도 안 될 수밖에 없는 것이 정부와 정치권이 애초부터 말이 안 되는 엉터리 주장을 하고 있기 때문이다. 고장난명孤掌難鳴 격이다. 그들은 무지와 도덕적 해이로 인해 물가 안정이라는 정부의 기본적인 책무조차도 부정하고 있다. 게다가 정부와 민간이 할 일을 구별할 줄 몰라서 문제를 더욱 악화시키고 있다.

대통령이 집값을 띄우는 바람에 대학가 학생들은 하숙비 부담에 난리를 치고, 젊은 사람들이 평생 집 살 엄두도 못 내고 결혼을 포기해야 하는 것인가? 근로자들이 뛰는 아파트 값을 감당하지 못해 임금을 올려달라고 하면 이를 좌파 빨갱이라고 몰아붙이는 것이 과연 옳은가? 대통령과 정부 여당이 나서서 아파트 값 올리는 것은 시장경제이고, 주택을 저렴하게 공급해서 집값을 안정시키는 것은 반反시장경제인가 말이다.

정부가 해야 할 일

누구를 위한 정부인가

요즘 이명박 정부가 내놓은 정책들을 곰곰이 들여다보면, 정부와 민간의 역할 구분에 혼란을 겪고 있지 않나 싶을 정도다. 정부 스스로 '비즈니스 프렌들리'라는 말을 유행시키면서 대놓고 친親기업적이라고 자신들의 역할을 규정하더니, 공정한 규칙이 필요한 부분에도 이념적 잣대를 들이대면서 없애거나 완화시키는 데 앞장서고 있다.

안타까운 일이다. 정부 정책이 민주주의적 의사결정을 전제로 공공성을 추구해야 한다는 사실은 삼척동자도 안다. 정부가 공공성을 포기하고 개인의 사적인 재산 축재와 사익을 위해 정책을 남용한다는 것 자체가 말이 안 된다. 즉, 공익과 사익을 구분해야 한다는 뜻이다.

특히 경제 정책은 공간뿐만 아니라 시간상으로도 연결돼 있다. 현재의 소수 특권층이나 기득권층을 위한 정책이 아니라 모든 계층의 이해관계를 충분히 반영할 수 있어야 하고, 나아가 현 세대와 미래 세대 간의 이해관계도 충분히 고려해서 결정해야 한다. 당장 미래 세대가 눈에 보이지 않는다고 해서 이들에게 온갖 부담을 떠안기는 정책을 추진해서는 안 된다. 공간상·시간상으로 경제의 변화를 올바르게 파악하고, 모두에게 공정하고 공평한 정책을 추진해야 한다. 이를 위해 민주주의에 대한 올바른 이해와 전문성이 필요한 것이다.

또 하나, 정부 정책의 경우 자본주의 시장경제를 건전하게 발전시키기 위한 기본 원칙과 게임의 룰을 강화하는 데 기여해야 한다. 자본주의 시장경제에서 '자본'은 건전성, '시장'은 공정성이 기본 원칙이다. 자본의 건전성은 다시 기업 지배 구조의 건전성과 재무 구조의 건전성으로 크게 구분된다. 시장의 공정성이란 소비자와 투자자의 권익을 우선하는 것을 말한다.

기업은 생산의 주체이지만 법인이라는 가상의 인격체, 즉 수단에 불과하다. 주식회사 제도 아래에서 시장의 실체는 소비자와 투자자뿐이다. 경제학에서는 완전경쟁시장일 때 소비자와 투자자의 권익이 극대화된다는 사실을 이미 입증했다. 완전경쟁시장은 파는 사람이나 사는 사람이 가격에 영향을 줄 정도로 일방적인 힘을 행사하지 못하는(않는) 상태를 말한다.

문제는 지금 한국 경제에서 자본의 건전성 문제가 여전히 심각하다는 점이다. 오히려 대통령과 여당이 앞장서서 기업 지배 구조와 재무 구조의 건전성을 떨어트리고 있다. 국내 재벌들은 정치와 경제계, 관계와 언론, 사법기관까지 탄탄한 유착 구조를 바탕으로 모든 산업을 장악하고 있다. 세계 2차대전 당시의 제국주의 일본의 재벌 구조를 21세기에도 그대로 답습하고 있는 꼴이다.

이 때문에 지난 60년 동안 한국의 대학에서 전체의 절반이 넘는 수의 이공계 인재들이 배출되었는데도 기업가 정신을 바탕으로 한 새싹이 자라지 못하는 것이다. 이 정도로 수많은 이공계 인재들을 양산했으면 최소한 대기업으로 성장한 기술 벤처 성공 사례가 하나쯤은 있어야 하지 않겠는가? 그러나 단 한 건도 없다. 자본주의 경제의 모험과 도전의 역동성이 뿌리째 뽑힌 것이다. 될성부른 벤처 기업들은 재벌들의 벽을 뛰어넘을 수가 없다. 오로지 사기꾼 같은 한탕주의 벤처 기업만이 코스닥시장을 가득 메우고 있을 뿐이다.

제국주의적 식민지시장 쟁탈 시대도 아니고 군사 독재 정권의 반시장적 관치 경제 시설도 아닌데, 21세기 글로벌 지식정보화 시대에 순환출자 해소와 출자총액제한제도가 왜 필요한 것인지,

금산분리가 왜 중요한 것인지, 공정거래법이 왜 필요한 것인지 정부와 여당은 그 기본조차 제대로 이해하지 못하고 있는 것 같다.

더 큰 문제는 이 같은 비판을 '시대착오적인 반反기업'이라는 황당한 이념으로 덧칠한다는 것이다. 이러니 한국 경제에 지속 가능한 성장과 역동성을 기대할 수 있겠는가 말이다. 이 때문에 한국 경제가 가계 빚잔치로 허울만 비대해진 자산 경제 성장만 하고 있을 뿐, 실제로는 일자리가 없어지고 중산층이 몰락하며 88만 원 세대는 결혼을 포기할 정도로 혼란만 가중된 것이다.

따라서 민간과 정부의 역할 그리고 시장경제에서 정부가 해야 할 역할을 제대로 알아야 한다.

부동산 문제만 봐도 그렇다. 우리나라 주택 소유율은 60%가 되지 않는다. 40% 이상은 무주택자다. 게다가 적지 않은 은행 대출을 안고 있는 가계가 전체 주택 소유자의 절반에 달하는 것으로 추정된다. 그러니 은행 대출 없이 완전한 주택 소유자는 전체 가계의 30%에 불과하다고 할 수 있다. 이것만 봐도 주택 가격 안정이 한국 경제에 있어서 얼마나 중요한지를 알 수 있다.

서브프라임론 사태로 발전하기는 했지만, 미국은 1994년 클린턴Clinton 정부 때 저소득층에 집을 마련해주기 위해 1천만 호 주택 공급 사업을 벌였다. 프랑스 등 서유럽 국가들도 공공 임대 주택의 비중이 20%에 달하고 있다. 일본도 세계 2차대전 이후 극심한 주택난 속에서 대규모 공영 주택 사업을 벌여 저소득층에 매우 저렴하게 공급했다.

그런가 하면 미국이나 일본 등 선진국에서는 전국적인 규모의 부동산 임대 사업자들이 수급과 가격을 조절하고 있다. 미쓰이나 미쓰비시 등 대기업이 전국적인 규모로 임대 사업을 하고 있는데, 주택 가격이 급등하는 지역에서는 대규모로 임대 주택을 공급한다. 그렇게 해서 그 지역의 주택 가격을 안정시킨다.

그렇게 해도 안 되면 일본 정부가 주택공단을 통해 대규모로 공영 주택을 지어 엄청나게 싼값에 임대한다. 저소득층 임대료가 한 달에 우리 돈으로 3만~5만 원 정도밖에 안 될 정도다. 또 지역의 공동체 의식이 강해서 세입자가 생활 능력이 없으면 집주인이 세를 싸게 주기도 한다. 물론 버블 붕괴 후 그런 전통이 많이 깨지기는 했지만 말이다.

이에 비해 한국은 공공 주택 비중이 5% 수준에 불과하다. 이런 상태에서 정부가 나서서 부동산 투기를 통해 돈을 벌라고 부추기고 있다. 정부가 존재하는 가장 중요한 역할인 가격 안정화 역할을 포기하고 있는 셈이다. 한국도 전·월세를 포함한 집값을 안정시키려면 무주택자 40%의 절반인 20% 정도는 공공 주택에 살 수 있도록 공공 임대 주택 공급 확대를 통해 가격 안정화 역할을 할 수 있도록 해야 한다.

지난 2000년 이후 아파트 가격이 폭등한 것도 공공 주택 공급의 절대 부족이 원인이다. 우리 연구소는 막대한 재정을 동원하지 않더라도 시장 논리에 따라 저렴하면서도 쾌적한 고급형 공공 주택을 공급할 수 있는 방안을 연구한 바 있다. 그런데도 현 정부는 일부러 질 좋은 공공 주택을 공급하지 않는 것이다. 소수 특권층이나 기득권층을 위해 존재하는 정부는 더 이상 정부가 아니다. 그런 정부가 아니길 바랄 뿐이다.

노동을 다시 생각한다,
머슴 경제의 구조화

왜 열심히 일해도 생활은 똑같을까

앞서 말한 것처럼, 한국 경제의 성장 패러다임의 극적인 전환점은 외환위기였다. 그리고 그 극적인 변화를 가장 뚜렷이 보여주는 것이 노동에 대한 인식의 변화였다.

외환위기 이전의 자본 집약적 경제 패러다임 아래에서는 형식적이든 실질적이든 종신 고용제 형태였다. 독점적 대기업 생산 구조하에서는 기능 인력을 대량으로 고용할 필요가 있었고, 그것이 경제 성장에 대한 기여라고 평가됐다.

그런데 재벌 그룹 입장에서 가장 중요한 것은 말 그대로 자본 집약적 성장이므로, 자본이 가장 중요하고 노동은 보조적인 수단에 불과했다. 따라서 노동에 대한 전반적인 인식이 전근대적이었다. 봉건 시대의 지주-소작농 관계의 연장선상에서 오너와 고용자의 관계를 인식하는 수준이었다.

이때까지만 해도 기업들은 자신들이 고용한 기능 인력은 종신 고용한다는 인식이 있었다. 그런데 자본 집약에서 기술 집약 경제로 옮겨 가는 과정에서 종신 고용제에 대한 인식이 조금씩 깨지기 시작했다. 중국 등지의 값싼 임금과 노동력으로 경쟁력을 잃게 된 섬유와 신발 등 경공업 산업에서 대량 해고 사태가 일어났고, 노조의 반발 등 이를 둘러싼 사회적 갈등도 이어졌다. 이 같은 추세는 경공업에서 중화학공업 등 다른 산업 부문으로 확산되었다.

어쨌든 국내에서는 형식적으로나마 종신 고용제가 유지되다가 외환위기를 겪으면서 노동시장에 큰 변화가 불어왔다. 외환위기 이후 첫 2~3년 동안 일부 재벌과 금융기관들이 잇달아 무너졌고, 대규모 정리 해고가 진행됐다. 한 번도 겪어보지 못한 경험이라 이 같은 정리 해고는 위기부터 극복해야 한다는 차원에서 이해되기도 했다.

이후 기업들은 너나 할 것 없이 연봉제 도입 등 영미식 고용제로 바꾸기 시작했다. 물론 외환위기 이전에도 정부나 기업 등에서 노동에 대한 철학이 제대로 확립돼 있었던 것은 아니었다. 그런 가운데 외환위기를 맞았고, 차분하고 심도 있는 연구보다는 IMF식

구조 조정 과정에서 형식적으로 미국식 고용 구조 및 노사 관계를 취하게 됐다.

문제는 미국식 고용 유연성을 말로만 표방하면서 실제로는 기본적인 철학을 이해하지 못한 채 형식만 따왔다는 사실이다.

미국 기업들이 노동시장의 유연성을 강조하는 것은 단기적 이익 극대화를 위해 언제든지 근로자를 손쉽게 해고하기 위해서가 아니다. 오히려 능력 있는 사람들이 쉽게 일자리를 얻어 임금 소득을 향상시킬 기회를 얻게끔 하기 위한 것이다. 그렇게 해서 기업과 근로자 모두 상생하는 시너지 효과를 극대화할 수 있게 된다고 보는 것이다. 즉, 기업은 우수한 능력을 지닌 근로자들이 많아져서 성장과 이익 증대를 도모하고, 근로자들은 더 많은 성과급을 받으면서 소득을 늘리고 삶의 질을 높일 수 있는 것이다.

그러나 우리 기업들은 근로자를 기업의 이익을 위한 단기 소모품으로 인식하고 비용 절감의 수단으로만 봤다. 오로지 근로자들의 인건비를 줄여 단기적으로 기업 이윤을 극대화하는 방향으로 고용 구조를 만들어간 것이다.

솔직히 따져보자. 제조업의 경우, 기업에서 제품을 만들어내면서 들어가는 비용 가운데 인건비가 차지하는 비중은 10% 정도다. 사람을 무지막지하게 잘라 총비용을 1~2% 줄인다고 해도 기업 경쟁력 면에서는 별 차이가 없다. 오히려 중장기적으로 노동의 경쟁력을 떨어트리고 양질의 인력들을 잃어버리는 등 부작용이 더 크다.

근로자 입장에서도 언제든지 잘릴 수 있다고 생각하므로 기업에 충성할 필요가 없어졌다. 자신의 아이디어를 상부에 보고해서 보상 받을 수 없을 것 같으면 밖으로 나가 다른 경쟁 기업에 팔거나 따로 기업을 차렸다. 외환위기 이후 기술 유출 사태가 줄을 잇는 것도 어찌 보면 당연한 결과다.

삼성전자마저도 평균 근속 기간이 7년에 불과하다. 국내 최고의 기업에 다닌다는 사람들도 끊임없이 생계와 노후를 불안해해야 하는 것이다.

그러니 기술이나 사업 계획 등을 들고 나가서 한몫 챙기는 풍토가 만연하는 것이다. 이런 식으로 가면 생산 투입 요소 중 노동의 질이 나빠지는 것을 막을 길이 없다. 한국 경제의 지속적인 경쟁력 강화도 기대하기 어려운 것은 뻔하다.

또한 기업에서 잘리게 되면 그 배신감과 좌절감이 이루 말할 수 없이 크다. 사실 외환위기 이후 폭발적으로 증가한 가족의 붕괴도 이로 인한 경우가 많았다. 이를 가장 잘 보여주는 지표가 자살자 수다. 1990년에 3200여 명이었던 자살자 수가 외환위기 이후인 1998년에는 8600명으로 늘어났다. 이후 지난 2003년에는 1만 1000명가량으로 늘어나는 등 시간이 갈수록 자살자 수가 급증하고 있다. 자살자의 대부분이 40~50대 가장으로, 경제적 이유 때문에 자살한다. 어느 누구도 믿을 수 없고 스스로만 믿을 수밖에 없는 상황이라는 징표다. 이민도 급증하고 있다.

이런 현상들은 외환위기 이후 노동에 대해 무책임하게 생각한 결과 생겨났다. 외환위기 이후 무차별적으로 대량 해고를 했지만, 노동의 안정성을 확보하고 노동의 질을 향상하기 위한 시스템은 체계적으로 갖추지 못한 데서 비롯된 것이다.

이러다 보니 우리나라의 경우 세계적으로 유례를 찾기 힘들 정도로 비정규직 근로자가 급증했고, 노동 계층이 아예 몰락할 정도까지 돼버린 것이다.

이 같은 몰락 과정을 극적으로 보여주는 현상이 노사 간 대립을 넘어선 노노勞勞 간 대립이다. 노노 간의 대립은 한국에만 있다고 해도 과언이 아닐 정도로 심각한 문제가 돼버렸다. 다른 나라에서는 노사 간, 노정勞政 간 문제로 대립하는데, 우리는 노노 간 문제가 더 심각하다.

노노 간의 문제는 정규직과 비정규직 간의 임금과 복지 등의 극심한 차이에서 비롯된다. 기업에서 비정규직을 양산하는 가장 일반적인 방식은 정규직 사원을 비정규직으로 전환하는 것이다. 정규직 입장에서는 언젠가 비정규직으로 전락할 수 있다는 사실을 바로 옆에서 보게 된다.

근로자들은 오늘은 정규직이지만 내일은 비정규직이 될 수 있다는 생각을 자연스레 하지 않을 수 없다. 결국 정규직 입장에서는 비정규직으로 전락하지 않기 위해 보호막을 치게 됐다. 반면 비정규직은 인격적으로 모욕감과 좌절을 느끼게 된다. 어제까지만 해도 같은 일을 하던 동료였는데, 비정규직이라는 이유만으로 하루아침에 임금이 확 달라진다. 근로자라고 해도 신분과 이해관계가 확연히 다른 두 근로자 집단이 생겨나게 되는 것이다. 이러니 노노 간 갈등이 생기지 않을 수 없다. 현재 한국의 노사 관계를 보면 기업 경영자나 사주가 비정규 노동자를 착취하는 측면도 있지만, 사실은 정규직 노조가 비정규직을 착취하는 측면도 적지 않다.

비정규직의 급증과 대량 해고에 따른 노동 계층의 몰락은 또 다른 지표로도 확인된다. 대표적인 것이 외환위기 이후 큰 폭으로 증가한 서비스업 취업자들이다. 이를 두고 정부 관료들은 "이제는 제조업으로 먹고살기는 힘들다. 대신 서비스업에서 취업자들이 많이 늘어났지 않느냐"고 너스레를 떨기도 한다. 물론 서비스업에서 양질의 일자리를 많이 창출하는 것은 필요하고 중요하다.

그러나 외환위기 이후 늘어난 서비스업의 일자리는 대부분 생계형이었다. 외환위기와 지속된 내수 침체로 직장에서 떨려난 사람들이 먹고살기 위해 김밥 장사든 국밥집이든 체육관이든 택시 운전이든 하지 않을 수 없었던 것이다.

지식 기반형이나 고부가가치형 전문 서비스업종의 취업자가 늘어난 것이 아니라 조그만 가게를 차리는 식의 생계형 서비스업종이 급증했던 것이다. 그런데 한꺼번에 사람들이 몰리다 보니 생계형 서비스업종도 과잉돼 자영업자들이 와르르 무너지고 있다.

이런 현실을 정부의 서비스 산업 정책의 결과로 생각하며 자랑거리로 삼았으니, 가관이 아닐 수 없다.

반대로 정말 일자리를 늘려야 하는 고부가가치 서비스 산업 영역인 의료시장, 연구 개발 산업, 법률시장 등은 정부나 법조계, 의약사 등이 독점적으로 시장을 장악하고 있는 상황이어서 일자리를 늘리기 어렵다. 그랬더니 이 부문에서 자유무역협정FTA를 통해 외압을 빌려서라도 경쟁력을 강화해야 한다고 정부는 주장하고 있다. 이런 상황에서도 정부는 틈만 나면 서비스 산업을 통해 국가 경쟁력을 강화하겠다고 구호만 외치고 있다.

이처럼 외환위기 이후 서비스시장의 일자리 증가는 대량 해고와 청년 실업을 눈가림하는 데 지나지 않았다. 경제적으로 보면 그동안 쌓아온 것을 까먹고 있는 셈이다. 생계형 서비스업종에서 보는 것처럼 모든 일자리와 소득원이 흔들리니 사람들이 공동체를 생각하는 마음을 가질 수가 없다. 진보와 보수 상관없이 믿을 데라곤 없다. 내가 먹을 것은 내가 챙겨야 하고, 노후 생활도 내가 챙겨야 한다. 이것이 현재 우리 노동시장의 현실이다.

외환위기 이후 10년이 넘었는데도 한국 경제를 새롭게 주도해갈 산업이나 벤처가 없는 것도 왜곡된 노동시장 탓이 크다. 지금 눈앞에 닥친 경제위기를 극복한다고 해도 그 다음에 무엇으로 먹고살 것인가에 대해 한국 경제가 답을 찾지 못하고 있는 것이다. 이처럼 사람을 잃어버리면 경제는 역동성을 잃어버리게 된다.

비만과 합병증 그리고 시장 실패

파레토 최적 상태로 돌아가려면

경제연구소를 시작한 지 10년이 다 돼간다. 매주 《경제시평》 등 보고서를 쓰다 보니 시간 가는 줄 모르고 지냈다. 물론 가끔 산책을 겸해 주변 호수공원을 걷긴 했지만, 요즘 들어선 이마저 빼먹기 일쑤다. 그렇다고 건강이 나쁜 편도 아니다. 다른 사람들처럼 운동 부족에 따른 비만도 아니다.

잘 알다시피 비만은 몸에 좋지 않다. 각종 합병증을 불러오며 성인병의 원인이라고 한다. 물론 체중이 많이 나간다고 비만이라거나, 체중이 적게 나간다고 해서 비만이 아니라고 판단하긴 어렵다. 몸 안에 얼마만큼의 체지방을 어떻게 가지고 있느냐의 문제이기 때문이다.

시장경제도 마찬가지다. 2008년 하반기 이후 미국발 서브프라임론으로 인한 글로벌 금융위기와 경제 불황은 경제에서 비만과 합병증의 결과가 어떻게 나타나는지를 극명하게 보여준 사례다. 이는 비만증에 걸린 사람이 당뇨와 심장마비 등 온갖 합병증에 신음하면서 피를 토하고 쓰러진 것 같다. 일부에선 이를 두고 100년에 한번 있을까 말까 하는 위기라는 말까지 나올 정도였으니 말이다.

국제 경제에서 비만 증후는 이미 지난 2000년부터 시작됐다. 미국을 비롯한 세계 경제는 무분별하게 금융 규제를 완화하고, 이어진 저금리 기조의 잘못된 금리 정책과 환율 정책 등으로 부채를 쌓아갔다. 또 개인들의 리스크를 무시한 무차별적인 투기와 이로 인한 과소비가 이어졌다. 물론 기업들의 투자도 과잉으로 치닫고 있었다. 개인과 기업, 국가 차원에서 몸속에 이미 견디기 어려운 수준의 체지방을 쌓아왔던 것이다. 이렇게 쌓인 체지방 덩어리는 조금씩 경제 주체들의 혈관을 조였고, 결국 미국발 금융위기로 터진 것이다.

이렇게 위급 상황에 내몰린 환자가 응급실로 들어오자, 뒤늦게 의사(미 재무성과 연방준비제도이사회 등 각국 정책 당국)들은 허겁지겁 전기쇼크 요법을 통한 심폐 소생술을 동원하는 등(제로금리와 막대한 재정 지출 등) 각종 응급 조치를 취하는 데 급급했다.

거대 비만과 합병증 발병은 곧 시장의 실패를 의미한다. 시장의 실패는 경제 전체의 후생을 극대화하는 '파레토 최적의 소득 재분배'에도 실패했음을 의미한다.

대표적인 후생 경제학자 파레토Pareto는 20%의 부자가 80%의 부를 차지하고 있으며, 80%의 사람이 나머지 20%의 부를 가지고 있다는 80 대 20의 '파레토 법칙'을 주창했다. 특히 이 같은 편중 현상은 경제뿐 아니라 사회나 자연 현상 전반에서 흔히 발견된다는 것이다. 그는 이러한 법칙을 바탕으로 개인 간 후생을 적절하게 재분배하여 사회 전체의 후생을 극대화할 수 있는 경제 정책을 정립하려 노력했다.

이처럼 '파레토 최적의 소득 재분배'의 실패는 당연히 경제적으로 자원을 엄청나게 낭비했다는 의미가 된다. 시장 실패의 충격이 큰 것에 비례해 소득 재분배와 자원의 비효율적 낭비 역시 크게 왜곡되기 마련이다.

우선 소득 재분배 면에서, 겉으로 보면 경제가 계속 성장한 것처럼 보였지만 속은 전혀 달랐다. 경제 전체의 소득 재분배 측면에선 80 대 20을 넘어서 95 대 5가 되는 부익부빈익빈의 극단적인 양극화 현상이 가속화됐다.

이미 세계 각국에서는 비정규직이 급증했다. 특히 미국과 한국의 경우에는 부동산 투기로 가계 부채가 급증했으며, 이를 바탕으로 과소비가 심화되었고, 성장 잠재력도 크게 떨어졌다. 개인의 이익 극대화를 앞세운 시장 실패가 사회 전체의 후생 극대화를 희생시킨 것이다.

또 거대 비만 경제가 지속되면서 원유를 비롯한 철광석 등 원자재 가격이 폭등한 것은 전체적인 세계 경제의 비효율적인 자원 활용이 극에 달했다는 의미다. 즉, 파레토 최적의 소득 재분배도, 자원의 효율적 배분도 실현되지 못했던 것이다.

이번 금융위기로 지난 몇 년간 지속되어온 거대 비만의 경제 성장 방식과 자원의 비효율적 낭비로는 절대로 지속 가능한 성장을 할 수 없다는 사실이 여실히 입증됐다.

그런데 최근 들어 각국의 정책 당국들이 내놓고 있는 처방은 응급조치 후 잠시 환자가 살아날 기미를 보이자 예전의 거대 비만 상태로 되돌리려는 정책이나 다름없다. 근본적인 치료 방법을 고민하고 시행한다기보다 정치적, 경제적 이해관계가 우선시되고 있기 때문이다. 이미 과거 거대 비만 경제 시절에 부동산과 주식 투기 등으로 과다 이익을 얻은 계층들이 이번 경제위기에서 큰 타격을 입었다가 위기를 극복하면서 그들의 이익을 우선하는 왜곡된 정책을 다시금 추진하는 것이다.

물론 과거 거대 비만 경제 형성 과정에서 착취당한 80%의 계층은 경제위기에서도, 그리고 위기 극복 과정에서도 여전히 소외되고 있다. 참으로 유감스러운 일이다.

이를 극복하기 위해 무엇보다도 거대 비만에서 벗어나도록 하는 다이어트 정책과 퇴보된 민주주의를 되살리는 정책이 필요하다. 또 시장 실패로 인해 무너진 소득 재분배를 '파레토 최적 상태'로 되돌릴 수 있는 정책을 시행해야 한다. 즉, 80% 중하위 계층의 소득을 복원하는 정책이 시급하다는 말이다.

이제는 80%의 중하위 계층이 부동산과 주식 투기에 몰빵하지 않고 열심히 땀 흘려 일해서도 먹고살 수 있는 건전한 시장경제를 만들어야 한다. 근면, 절약, 검소, 배려의 자본주의 시장경제의 근본 정신을 곰곰이 되짚어볼 때다.

외환위기 이후
왜 진짜 개혁을 하지 못했나

양극화가 경제와 정부 개혁에 미친 영향

1997년 말의 IMF사태는 국민들에겐 여전히 뼈아픈 기억이다. 수많은 사람들이 일자리를 잃었고, 생계에 심각한 위협을 받았다. 국민들 입장에선 마른하늘에 날벼락처럼, 외환위기는 그렇게 찾아왔다. 사실 당시 정치권이나 정부 관료들조차 왜 이 같은 일이 벌어졌는지 잘 알지 못했다.

IMF사태가 금융 개방화의 의미를 제대로 이해하지 못한 채 국내외 금리 차이를 방치한 정부 관료들의 정책 실패에서 비롯됐다는 사실을 가장 먼저 논리적으로 규명한 것이 우리 연구소였다.

아쉬운 점은 IMF사태를 계기로 한국 경제의 구조를 개혁할 기회가 있었는데도 정부가 실행에 옮기지 못했다는 사실이다. IMF 사태 후 불과 3~4년 동안 160조 원이 넘는 천문학적인 공적 자금을 투입하면서 금융권의 부실 해소와 기업 구조 조정에 나섰지만 사전에 치밀하게 계획된 것이 아니었다.

결국 부실 구조 조정은 한국 정치 경제 및 사회 전반에 걸친 미래에 대한 비전이나 목표 설정 없이 외압에 의한 땜질식 임시방편으로 진행됐다. 그 덕분에 엄청난 규모의 국민 세금이 대부분 '밑 빠진 독에 눈먼 돈 붓기' 식으로 사라졌다. 미래 성장 잠재력이나 기업과 산업의 경쟁력을 강화하는 방향으로 이어지지 못한 것이다.

이런 상황은 IMF사태 이후에도 크게 달라지지 않았다. 정부 관료들과 여야 정치권의 무능과 도덕적 해이는 각종 정책 실패로 나타났다. 카드사 부실화와 부동산 정책 실패, 외환은행 헐값 매각 의혹, 약탈적 고리대금업의 방치, 사실상 사익 집단으로 변질된 정부 산하 기관과 공기업들의 방만한 경영, 전 국민의 공무원화를 추진한다는 착각을 불러일으킬 만큼 심화된 관료 공화국화, 비정규직 양산으로 대표되는 양극화 등이 그것이다.

거듭된 정책 실패와 함께 또다시 닥쳐온 제2의 경제위기를 겪으면서도 한국은 진정한 개혁을 추진하지 못하고 있다. 물론 김대중 정부 이후 노무현, 이명박 정부에 이르기까지 그 나름대로

'개혁'의 칼을 꺼내 들긴 했다.

　그렇지만 결론은 흐지부지 끝나고 말았다. 왜 그랬을까? 개혁 실패에 대해 그동안 여러 가지 분석과 의견이 있었지만, 내 생각엔 외환위기 이후 극단적인 경제적 양극화와 여기에서 파생된 계층 간 분열 때문이라고 본다.

　IMF사태가 우리 국민 모두에게 똑같이 경제적·정신적 피해를 준 것은 아니었다. 아이러니컬하게도 외환위기는 결과적으로 잘사는 사람들을 더욱 부유하게 만들었고, 못사는 사람들은 더욱 가난하게 만들었다.

　당시 상황으로 돌아가보자. IMF사태 직후 원화 환율은 달러당 800원 수준에서 2000원대까지 폭등했으며, 은행 예금 금리도 25%까지 치솟았다. 내수 기업들은 극심한 내수 침체로 상당수가 문을 닫았지만, 수출 기업들은 평생 처음 경험하는 환차익으로 엄청난 이익을 얻었다. 대량으로 정리 해고된 수많은 사람들이 생계에 심각한 위협을 받았고, 은행 대출 이자 때문에 문 닫는 기업이 속출했다. 그런 가운데 은행에 여윳돈을 저축한 사람들과 기업들은 엄청난 이자에 그들도 놀랄 지경이었다.

　이처럼 IMF사태 초반부터 상위 계층은 불로소득으로 더욱 부유해졌고, 중하위 소득계층은 더욱 가난해졌다. 이는 중산층을 붕괴시켰고, 극단적인 계층 간 양극화 현상을 초래했다. 기업도 다르지 않았다. 중견 그룹과 중소기업은 쓰러졌고, 경쟁력 있는 알짜

기업들도 헐값으로 팔려나갔다. 그나마 상위 몇몇 수출 대기업 중심으로 기업이 재편되었다.

이 같은 양극화는 이후 정부의 근시안적인 정책 실패로 더욱 고착화된다. 지난 2001년 경기 부양을 명목으로 신용카드사들이 '길거리 카드'를 남발하도록 허용한 것이 대표적인 예다. 400만 명에 달하는 신용불량자를 양산해서 사회적 낙오자로 만들었고, 재벌계 부실 카드사를 살리는 데 또다시 국민의 세금을 대규모로 들여야 했다.

이뿐 아니다. 2001년 이후 정부는 국민들이 은행 빚을 얻어 투기하도록 수수방관하면서 부동산 투기 광풍이 불게끔 만들었다. 실효성이 적은 각종 엉터리 투기 대책을 남발하여 투기한 사람과 투기하지 않은 사람을 확실하게 갈라놓았다. 그 과정에서 부실했던 은행들은 엄청난 주택 담보 대출 급증과 대출 이자 수익 증가로 급성장했다.

그러나 집을 사기 위해 은행 빚을 떠안은 많은 가계들은 은행 이자를 갚느라 하루도 편하게 살 수 없는 지경에 이르렀다. 불과 5~6년 사이에 은행은 무려 300조 원이 넘는 부동산 투기 자금을 퍼주고, 대출 받은 사람은 열심히 일해서 은행 이자를 갚도록 하는 착취 구조를 만들어낸 셈이다.

문제는 여기에서 그치지 않았다. 은행 대출을 받아 투기한 사람 입장에서 아파트 가격 하락은 곧 자신이 망하는 것을 뜻했다.

멀쩡한 사람들이 은행 빚으로 아파트 투기 한 번 했다고 투기 대책에 결사반대하지 않을 수 없는 처지가 돼버린 것이다. 그러나 더욱 황당한 것은 투기하지도 않았고, 투기할 여력도 없는 중하위 계층이다. 이 계층은 오로지 열심히 일했을 뿐인데 상대적으로 가난뱅이 무주택자가 된 것이다.

이처럼 한국의 IMF사태와 그 이후 계속된 정책 실패는 잘사는 사람과 투기한 사람에게는 더 많은 부를, 중하위 계층과 열심히 일하며 투기하지 않는 사람에게는 상대적 빈곤을 가져왔다. 결국 우리 국민들을 경제적 계급으로 확연히 갈라놓은 것이다. 이것이 한국에서 진짜 개혁이 이루어질 수 없었고, 그래서 서민들이 불공정한 게임 규칙 아래에서 피해를 보는 상황이 지난 10년 넘게 계속된 근본적인 원인이었다.

이런 위기 상황을 타파하고 진짜 개혁을 실현하기 위해서 정치, 경제, 사회, 문화, 언론 등 사회 전반에 걸쳐 20~40대는 자신들의 문제는 직접 해결한다는 주체 의식을 가져야 한다. 그래서 20~40대의 자식 세대들을 중심으로 미래지향적인 정치 세력들이 실패를 두려워하지 않고 끊임없이 도전하면서 기존 정치권의 가짜 개혁을 타파해야 한다. 우리 연구소는 20~40대의 자식 세대들이 문제를 스스로 해결할 수 있는 전문적인 역량을 충분히 갖추고 있다고 보고 있다. 다만 이들은 정치권에 진입할 수 있는 독자 세력을 만들 만한 모멘텀momentum이 없거나 기존의 정치권 진입 장벽

이 너무 높아 엄두를 못 내고 있을 뿐이다.

20~40대는 자신들의 세상은 자기 스스로 만들어가겠다는 꿈과 이상을 드높이고 과감하게 도전하는 자세를 가져야 한다. 10년, 20년 후의 세상은 그들이 젊어지고 가야 할 세상인 것이다. 기득권 세력인 현재의 부모 세력들의 무능과 도덕적 해이로 가득 찬 가짜 개혁을 방치할수록 10년, 20년 후에는 더욱 엄청난 부채를 떠안을 수밖에 없다는 사실을 깨달아야 한다. 그때 가서 후회하거나 부모 세대를 욕한다 한들 이미 때는 늦은 것이다.

그런가 하면 기득권을 지닌 부모 세대들은 세상이 변했으며 자신들의 능력으로는 변화된 세상의 문제들을 해결할 수 없음을 깨달아야 한다. 그리고 전문적 지식을 쌓은 자식 세대들을 믿고 그들에게 자리를 비켜주어야 한다. 이들 자식 세대들이 잘되기를 바라는 부모의 마음으로 되돌아가야 한다. 부모 세대들이 헐벗고 굶주리며 고생하며 살아온 이유가 자식들은 고생하지 말고 잘되기를 바랐기 때문이 아니었던가?

건설 경기 부양,
그 참을 수 없는 가벼움

'삽질 경제학'의 한계를 말한다

2009년 들어 서울 강남 일부 지역을 중심으로 상승했던 수도권 집값이 최근 들어 다시 하락세로 돌아섰다는 소식이 들려왔다. 불과 한두 달 전까지만 해도 집값 상승을 외쳐대던 언론이나 전문가들은 언제 그랬냐는 듯이 다시 말을 바꾸고 있다. 이들의 이런 어처구니없는 행태는 어제오늘의 일이 아니다.

집값이 다시 하락할 조짐을 보이자, 벌써부터 투기 세력을 중심으로 좌불안석이다. 건설업체뿐 아니라 부동산 정보업체들, 부동산 광고에 목맨 언론들도 마찬가지다. 우리 연구소는 이들이 부동산 투기를 선동하고 버블을 부추길 때도 집값은 언제든 다시 급락할 수 있다고 경고해왔다.

이미 수차례 밝혔듯이, 한국 경제의 구조로 볼 때 부동산 버블 붕괴는 필연적이다. 이를 억지로 막으려 한다고 해서 막을 수 없다. 또 그렇게 할수록 결과적으로는 모두 망하게 된다.

그런데 이명박 정부와 여당인 한나라당의 모습을 보면, 과연 국가를 어떻게 이끌어가려고 하는지 참으로 암담하다. 2008년 초, 현 정부의 출범과 동시에 경제가 위급한 상황으로 가는데도 이들이 가장 먼저 추진한 것이 종합부동산세 등 부동산 세금 감면이었다. 또 부동산 버블 붕괴를 막기 위해 각종 건설 경기 부양책을 총동원했다. 그러나 상황은 악화됐을 뿐이다.

특히 정부와 여당이 엉터리 대학교수와 관변 연구소를 동원해, 건설 산업이 우리 경제에서 차지하는 비중이나 경제 성장 기여도를 운운하면서 황당한 건설 경기 부양책을 남발하고 있는 모양을 보면 어처구니가 없다.

한국 경제가 어떤 상황에 처해 있는지 전혀 감도 못 잡고 성장 잠재력을 훼손하는, 그야말로 무지한 주장이라는 생각밖에 들지 않는다. 그렇다면 이들의 주장이 얼마나 엉터리인지 살펴보자.

지난 2008년 실질 GDP 대비 건설업 생산과 건설 투자 지출 비중의 추이를 따져보면 좀 더 명확해진다.

앞에서 말했듯, GDP는 생산과 지출, 분배 측면에서 모두

산출할 수 있다. 생산 면에서의 GDP는 건설업을 비롯해 제조업 등 각 산업별로 생산(공급)한 측면에서의 GDP를 나타낸다. 지출 면에서의 GDP는 가계, 기업, 정부 등 각 경제 주체들의 소비(수요) 면에서의 GDP를 나타낸다. 마지막으로 분배 면에선 생산 또는 지출 과정을 통하여 전체 GDP가 임금, 기업 이익, 정부 세금으로 어떻게 배분되고 있는가를 나타내는 것이다.

다시 건설업으로 돌아가자. 지난 2008년 실질 GDP 대비 건설 투자 지출 비중을 살펴보면, 한국이 13.5%, 일본 6.2%, 미국 6%로 한국이 미국과 일본에 비해 2배 이상 압도적으로 높다. 이는 한국 경제가 미국이나 일본에 비해 건설 산업에 대한 의존도가 매우 높다는 것을 의미한다.

그렇기 때문에 정부 말대로 부동산 버블 붕괴를 막아야 하며 대대적인 건설 경기 부양이 필요하다고 주장할지 모른다. 그러나 이를 거꾸로 생각하면 이야기는 완전히 달라진다.

한국 경제 GDP에서 건설 산업이 차지하는 비중이 높다는 것은 뒤집어 보면 한국 경제가 지니고 있는 가용 자원의 상당 부분을 건설 산업에 투입하고 있다는 말이 된다. 즉, 한국 경제 성장은 건설 산업 성장에 의존하고 있는 셈이다. 이에 비해, 미국이나 일본은 상대적으로 많은 가용 자원을 건설 산업이 아닌 첨단 산업이나 복리 후생(정부 지출)에 투자하고 있다.

이것은 무엇을 의미하는가? 시간이 갈수록 한국 경제는 비대해진 부동산 건설 투자로 인해 버블에 시달리게 되고 첨단 산업 기술 경쟁력과 복리 후생은 악화되는 반면, 일본과 미국은 첨단 산업 기술 경쟁력과 복리 후생이 강화된다는 것을 의미한다. 미국과 일본은 첨단 산업 자본과 기술 인력의 축적이 가속화되는 데 반해, 한국은 성장 잠재력과 무관한 부동산 투기와 건설 노동자만이 늘어날 것이다.

물론 한 나라 경제에서 건설 산업이 어느 정도의 비중을 차지해야 하는지는 딱히 정해진 바가 없다. 그러나 분명한 것은 경제가 성장할수록 미래의 성장 동력 확보를 위한 차세대 산업 투자와 복리후생 비중이 늘어난다는 사실이다. 상대적으로 이미 포화 상태에 이른 건설 산업의 비중은 줄어들게 된다.

실제로 미국의 경우 1990년대 중반 이후 건설 산업 비중이 대략 7% 중반 수준을 유지하고 있다. 이 정도 수준인데도 서브프라임론 사태와 같이 엄청난 부동산 버블 붕괴가 일어난 것이다. 부동산 버블 붕괴를 경험한 일본 역시 1990년대 중반 13%대에서 계속 줄어들어 2008년에는 건설 산업 비중이 6.2%로 미국과 거의 비슷한 수준이다.

한국은 어떤가? 1990년대 중반 200만 호 주택 건설 사업의 영향으로 건설 산업이 전체 GDP의 5분의 1을 넘어 22%를 상회했다. 그러나 200만 호 건설 사업이 끝나고 1990년대 말 IMF사태를 겪으면서 17% 수준으로 급감했다.

그러다가 지난 2001년 아파트 투기가 본격화되면서 건설 산업 비중은 2006년까지 15% 이상의 높은 수준으로 유지됐다. 외환위기 이후 차세대 첨단 산업 육성과 인재 양성에 국가적 역량을 총동원해도 모자랄 판에 부동산 투기 버블을 조장하는 건설 경기 부양책으로 다시 돌아가버린 것이다. 이 때문에 외환위기 이후 한국 경제의 실질적인 성장 잠재력은 전혀 개선되지 못했다.

미국과 일본의 경우에 비춰 봤을 때, 한국은 적어도 2003년에 건설업 비중이 10% 아래로 떨어졌어야 했다. 그리고 지금쯤은 7~8% 수준이어야 한다. 이 과정에서 차세대 성장 동력과 인적 자원에 적극적으로 투자했어야 했다. 그랬더라면 부동산 버블도 없었을 것이고, 지금과 같은 금융위기나 경제위기도 피할 수 있었을 것이다.

건설 투자 과잉으로 인한 한국 경제의 상대적인 성장 잠재력 저하는 한·미·일 3개국의 실질 GDP 대비 민간 설비 투자 비중으로도 확인할 수 있다. 일본은 장기 불황이 끝난 2002년 이후부터 설비 투자 비중이 늘어 15.5%에 달하고 있다. GDP 규모 면에서 한국의 4~5배에 달하는 일본 경제가 비중 면에서나 절대적 규모 면에서 한국보다 설비 투자를 더 많이 해왔다는 사실은 일본의 성장 잠재력이 한국보다 훨씬 강화되었다는 것을 의미한다.

미국 경제도 1990년대 중반부터 민간 설비 투자 비중이 지속적으로 상승했다. 2001년과 2002년에 IT 버블 붕괴로 잠시 주춤

했지만, 2003년부터는 다시 상승세를 보이고 있다.

2008년 현재 미국의 실질 GDP 대비 설비 투자 비중은 9.2%로 한국의 13.1%에 비해 낮지만, 미국 경제 규모가 한국 경제의 10배가 넘는다는 점을 감안하면 절대적인 투자 규모 면에서 한국과는 비교할 수 없을 정도다. 설비 투자 자본 및 인재 축적의 차이는 당장은 두드러지지 않지만 시간이 지나면 성장 잠재력의 차이로 드러나게 마련이다.

이와 함께, 한 · 미 · 일 3국간 실질 GDP 대비 건설업 생산 비중을 비교해보자. 2008년 현재 3국 모두 6% 전후로, 거의 비슷한 수준이다. 다만 미국은 2007년부터 서브프라임론 사태로 건설업의 수익성이 크게 악화되어 실질 GDP 대비 건설업 생산 비중이 낮아지고 있다.

한국은 1990년대 중반 200만 호 주택 건설 사업 시기에는 건설업 생산 비중이 10%를 넘었으나 외환위기를 거치면서 8% 아래로 급락했다. 그러나 2001년부터 부동산 투기 버블이 발생하면서, 건설업의 생산 비중은 더 이상 떨어지지 않았다. 이는 2001년부터 시장에 의한 건설업 구조 조정이 멈춰버렸다는 의미다. 2005년부터 2차 부동산 투기 버블로 공급 과잉 압력이 표면화되면서, 건설업 생산 비중은 다시 하락세를 보이기 시작하여 2008년에 6%까지 줄어들었다. 미국의 경우를 참고하면 한국과 일본의 건설업 생산 비중은 5% 수준까지 떨어질 가능성이 높다.

이런 지표만 보더라도, 이명박 정부와 여당이 건설 산업 비중과 경제 성장 기여도 운운하면서 건설 경기 부양책을 남발하는 것이 얼마나 황당한지 알 수 있다. 게다가 국내외 경제 구조가 어떻게 변화하고, 미래의 성장 잠재력을 확충하기 위해 무엇을 해야 하는지 전혀 모른 채 말이다.

분명한 것은 한국 경제가 건설 경기 부양책만으로 더 이상 경제 성장을 지탱해갈 수 없다는 점이다. 이미 그런 식으로 성장할 수 있는 단계는 지났다. 현 정부가 출범한 지도 2년이 되어간다. 그런데 아직도 경제 구조를 파악하지 못하고 엉터리 정책을 마구잡이로 질러대며 혼란에 빠지면, 결국 그 피해와 고통은 고스란히 국민들 몫이 된다. 그렇지 않아도 힘들게 살아가는 국민들이다.

'정의'가 빠진 경제학에 대한 유감

왜 사고 친 사람이 책임지지 않는가

자본주의 경제학의 아버지로 불리는 애덤 스미스가 쓴 『국부론 The Wealth of Nations』은 당시만 해도 획기적이었다. 각 경제 주체가 자신의 이익을 극대화하려 노력하면 이른바 '보이지 않는 손'에 따라 경제 문제가 해결될 것이라는 주장은 당시 국가 개입주의의 경제관을 완전히 뒤집을 만큼 새로운 것이었기 때문이다.

'보이지 않는 손'은 경제 문제가 발생했을 때 국가가 간섭하지 않고 내버려두면, 자연스럽게 수요와 공급이 균형을 이뤄서 적당한 선에서 가격이 결정되고 효율적인 배분이 이뤄진다는 것이었다. 2008년 하반기에 미국발 금융위기가 세계 경제를 흔들 때 일부에선 "'보이지 않는 손'에 대한 맹신과 과도한 개인의 탐욕이 어우러져 경제위기를 가져온 것"이라는 지적도 있었다.

이후 각국 정부가 내놓은 정책은 정부의 역할이 강조된 케인스 이론에 따른 것이었다. 영국의 대표적인 경제학자인 존 메이너드 케인스John Maynard Keynes는 1930년대 대공황을 겪으면서 이것이 '유효 수요의 부족', 즉 실질적인 구매력 부족 때문에 일어난 것으로 보고, 가계의 소비를 늘리기 위해 정부 지출의 중요성을 강조했다. 또 시장을 '보이지 않는 손'에만 맡길 경우, 독점과 불균형 등 시장의 실패가 일어나기 때문에 정부의 개입과 역할이 중요하다고 주장했다.

결국 케인스의 이 같은 해법은 2008년 글로벌 금융위기 이후 각국 정부가 내놓은 대책에도 고스란히 녹아들었다. 단기적으로 정부는 적자 재정을 동원해서 경기를 부양하고 금리를 낮추었다. 심지어 제로금리까지 낮추고, 돈을 찍어내어 헬리콥터에서 뿌리는 식으로 유동성을 공급하기도 했다.

물론 경제학에서는 불황에 빠지면 적자 재정으로 경기를 부양하고 금리를 낮추어 경기를 회복시킬 수 있다고 말한다. 경기가 회복되면 장기적으로는 모든 지표와 수급이 다시 균형을 이루게 된다고 말이다. 이 때문에 경제위기에 직면해서 경기 부양책이니, 제로금리 정책이니, 유동성 확대책이니 하는 온갖 정책들이 쏟아져 나오는 것이다.

그런데 이 과정에서 많은 국민들이 뭔가 온당치 못하며 정의롭지 못하다는 느낌을 떨치지 못하고 있다. 주식이든 부동산이든 투기를 하지도 않았고 은행에 저금만 했을 뿐인데 왜 내가 받아야 할 은행 이자가 0%로 떨어지는지, 왜 내가 하지도 않은 일에 책임을 지고 피해를 입어야 하는지 이해하지 못한다. 또 부동산 투기자들의 손실을 막아주기 위해 왜 내 예금 이자가 줄어야 하며, 나는 투기할 여력도 없는 계층인데 왜 고환율 정책으로 인한 물가 상승 부담을 떠안아야 하는지 이해할 수 없다. 게다가 왜 투기하고 문제를 초래한 계층이나 기업 또는 금융기관은 구제를 받아야 되고, 아무런 상관이 없는 내가 대신 부담을 져야 하며, 정부와 정치권이 잘못한 정책 실패에 대해 내가 책임을 져야 하는지 도무지 모를 일이다.

자식 세대는 작금의 경제위기와 아무런 연관이 없고 의사결정권도 없는데 왜 일방적으로 모든 빚을 다 떠안아야 하며, 단기적으로 끝나야 할 재정 적자는 해소되지 않고 정권에 상관없이 국가 채무는 계속 늘어나기만 하는지 이해하지 못한다.

계층과 세대를 넘어서 누가 이런 결정을 하며 그 결정에 대해 누가, 어떻게 책임을 지는지 이해할 수 없다.

유감스럽게도 경제학에서는 자본주의 시장경제의 이런 정의Justice, 즉 도덕적 양심의 문제에 대해서는 이야기가 없다. 경제학은 기계적인 이론만을 제시할 뿐이며, 지속 가능성과 관련된 정의의 문제는 정부와 정치권의 도덕적 양심의 문제라며 책임을 회피해버린다.

물론 공공경제학이나 신新정치 경제학 등 일부에서 부분적으로 빈곤 문제 등 경제적 정의의 문제를 다루고 있기는 하다. 그런데도 많은 국민들이 경제위기 과정에서 겪는 이해할 수 없는 일에 대한 속 시원한 해법은 여전히 부족하다. 경제를 전문적으로 연구하는 사람으로서 아쉬울 뿐이다.

경제 예측을 둘러싼 일반의 오해

경 제 분 석 을 바 라 보 는 시 선

우리 연구소에서 발간하는《경제시평》을 받아보는 회원이나 연구소를 아는 사람들 가운데에는 우리가 예측을 잘한다고 평가하는 사람들이 많다. 물론 칭찬하는 말이니 나쁜 이야기는 아니다. 그렇지만 솔직히 부담스럽기도 하다. 잘 생각해보면 우리 연구소의 진정한 장점을 오해할 만한 매우 위험한 평가가 될 수도 있기 때문이다.

그동안 기회가 있을 때마다 말했지만, 우리 연구소는 결과를 콕 찍어 맞추는 점쟁이가 아니다. 또 맞으면 좋고, 안 맞으면 그만인 식의 로또는 더더욱 아니다. 우리 연구소는 결과가 맞느냐 안 맞느냐는 그다지 중요하게 생각하지 않는다. 오히려 올바른 문제 인식과 사실 확인, 그리고 논리적 분석 방법을 통해 관련 문제의 구조를 해부하고 인과관계를 설명하는 데 초점을 맞춘다. 그 결과 도출되는 결론이 맞고 안 맞고는 부수적인 문제일 뿐, 어찌 보면 그다지 중요하지 않다.

또 예측이라는 것도 그렇다. 그것이 정확한가, 그렇지 않은 가에 대한 평가도 매우 주관적이며 자의적이다. 예측이라는 말에는 이미 불확실성이 전제되어 있다. 따라서 필연적으로 예측 오차 noise가 발생하게 된다.

경제 분석에서 중요한 것은 구조적 변화에 대한 올바른 분석이지, 노이즈 하나하나를 분석하는 것이 아니다. 그리고 모든 노이즈를 예측해 맞출 수는 없다. 예컨대 요즈음의 주식시장처럼 주가 변동의 진폭이 매우 클 경우 예측 오차, 즉 노이즈가 커져서 자칫하면 엉터리로 몰리기 쉽다.

그런가 하면 예측의 시간적 범위도 문제가 된다. 우리 연구소는 통상 3개월에서 6개월, 길게는 1년 단위로 경제 구조 변화를 분석한다. 경우에 따라서는 그 이상인 경우도 있다. 그렇다 보니 처음에는 정말로 그렇게 될까 의심스럽다가도 시간이 지남에 따라 현실로 나타난다. 그래서 언제 예측에 대해 평가하느냐에 따라 우리 연구소의 분석 결과가 맞기도 하고, 맞지 않기도 하는 것처럼 보일 수 있다.

좀 더 엄밀히 말하자면, 우리 연구소와 같이 전문 기관이 경제 문제에 대해 논리적 분석을 통해 예측하는 것은 예상되는 결과를 정확히 맞추기 위해서라기보다는 정부나 기업 또는 일반인들에게 예상되는 위험을 '조기 경고early warning' 하는 목적이 더 강하다고 할 수 있다.

말하자면, 논리적으로 분석해보니 이러이러한 위험이 예상되므로 정부는 필요한 정책을 강구하고, 기업이나 일반인들은 피해를 당하지 않도록 조심하라고 경고하기 위한 것이다. 그런 경고에 귀를 기울여 각 경제 주체들이 미리 대책을 취하면 결과적으로 우리 연구소의 예측은 안 맞는다. 반대로 각 경제 주체들이 귀를 기울이지 않을 경우에는 그 예측이 맞아 낭패를 볼 수도 있다.

예를 들어 부동산 투기가 극성을 부려 아파트 가격이 폭등했을 경우, 어떤 전문가가 투기로 인한 버블이니 아파트 가격이 조만간 크게 떨어질 것이라고 말했다고 치자. 그런데 실제로는 시간이 지나도 아파트 가격이 떨어지기는커녕 더욱 올랐다. 그렇다고 그 전문가의 예측이 잘못됐다고 비난할 수는 없다.

그 전문가가 경고했는데도 정부와 정치권이 도덕적 해이에 빠져 제대로 부동산 투기 대책을 강구하지 않았을 수 있기 때문이다. 뿐만 아니라 투기적 가수요가 준동하는 상황에서 오히려 시장 수급 논리를 내세워 엉터리 대책으로 일관하며 투기를 부추겼기 때문일 수도 있다. 또 건설업계나 일반 투기꾼들 역시 정부 관료들과 정치권이 절대로 아파트 가격을 떨어뜨리지 않을 것이라는 확신을 갖게 되어 더욱 투기를 부채질했을 수도 있다.

이런 경우에는 전문가의 예측이 틀렸다기보다는 정부 관료들과 정치권의 엉터리 대책 남발과 건설업계의 투기 조장을 문제 삼아야 옳다. 뿐만 아니라, 아파트 투기가 더욱 기승을 부려 가격이 폭등했다고는 하지만 그로 인한 기회비용을 감안하면 전문가의 경고가 경제적으로 잘못된 것이라고 할 수 없다.

이렇게 되면 부동산 투기로 가계 빚이 위험 수위를 넘고, 이자 부담 증가로 인해 내수 침체가 장기화되고 양극화가 심화되며, 조세 정의가 붕괴되어 경제 전체의 성장 잠재력이 크게 훼손되는 결과를 낳는다. 경제 전체로 보면 막대한 부작용이 발생한 셈이다. 이런 부작용까지를 감안하면 결코 전문가가 틀렸다고 할 수는 없는 것이다. 그 전문가는 부동산 투기로 인한 부작용의 결과를 미리부터 정확하게 예측했기 때문이다.

경제도 사람이 움직인다

2

이명박과 후버, 747과 닭 1마리

이념 과잉은 경제위기를 부른다

위기에 직면하게 되면 사람들은 본능적으로 역사를 돌이켜본다. 잠깐 시간을 되돌려 1930년대 대공황이 발생하기 전의 미국으로 가보자. 1921년부터 대공황이 진행되던 1933년까지 미국은 공화당 출신 대통령이 3차례 연속으로 집권했다. 하딩Warren Harding (1921~1923)부터 쿨리지Calvin Coolidge(1923~1929) 그리고 후버 Herbert Hoover(1929~1933)가 그들이다. 하딩의 경우 집권 중에 사망했는데, 권력 남용과 부패로 훗날 역사가들로부터 최악의 대통령으로 평가 받은 인물이다. 그 이후 당시 부통령이던 쿨리지가 대통령직을 이어받았다.

이 가운데 특히 관심을 끄는 인물이 후버 대통령이다. 그는 1928년 선거 유세에서 "어느 가정의 냄비에도 날마다 닭 1마리를, 어느 가정의 차고에도 자가용 2대를!"이라는 슬로건을 내걸고 선거에서 압승했다.

그는 이듬해인 1929년 3월 대통령 취임식 연설에서 "오늘날 미국인들은 그 어느 나라의 역사에서도 볼 수 없을 정도로 빈곤에 대한 최종 승리를 눈앞에 두고 있다"는 유명한(?) 말을 남기기도 했다. 그러나 취임하자마자 대공황이 발생하면서 그는 바보가 되었다. 그러자 그는 대공황을 부정했다. 오히려 한술 더 떠 "불황은 일시적인 것이며 조금만 기다리면 다시 경기는 회복된다"고 말하면서 정부 개입을 최소한으로 억제하는 자유방임적 정책 노선을 견지했다.

뿐만 아니다. 대외적으로는 1920년대 공화당 정권하에서 지속되어온 보호무역주의 노선을 더욱 강화하여 1930년에는 대공황 극복 대책으로 할리-스무트 무역법Hawley-Smoot Tariff Act을 성립시켰다. 이 법을 통해 2만여 가지 수입 품목의 관세는 기록적으로 인상되었다.

훗날 이 정책은 대공황을 더욱 악화시킨 요인 중의 하나라며 비판 받았다. 결국 대공황의 위기는 1933년 민주당의 루스벨트 대통령이 집권하면서 뉴딜 정책이라는 적극적인 경기 부양책으로 극복되었다.

2007년 하반기부터 본격화한 미국의 서브프라임론 사태도 대내적으로는 극단적인 자유방임주의에 입각한 무차별적 금융 규제 완화가 한몫했다. 또 대외적으로는 네오콘neocons으로 대변되는 일방주의적 시장 개방 압력에서 기인한 바가 크다. 네오콘들은 1920~1930년대처럼 미국이 보호무역주의를 펼칠 수 없다면 반대로 경제 발전 수준에 관계없이 외국에 무차별적으로 시장 개방 압력을 가해야 한다고 주장했다.

물론 시장 개방은 시장경제를 확대시켜준다는 면에서 어느 정도 필요하다. 그러나 일방적인 정치 이념에 입각하여 획일적이고 무차별적으로 시장 개방을 강요하는 것은 문제다. 각 나라의 경제 사정을 감안하여 서로가 감당할 수 있을 만큼 질서 있고 단계적으로 추진하는 것이 바람직하다.

다시 우리나라로 되돌아오자. 아이러니컬하게도 한나라당의 이명박 정부는 1920년대 말 미국 공화당의 후버 대통령과 닮았다. 이 대통령과 한나라당은 미국을 비롯해 세계적으로 부동산 버블 붕괴와 금융위기가 진행되고 있던 때에 부동산 가격 올리기와 747공약(7% 경제 성장과 4만 달러, 세계 7대 강국)을 내세워 대통령이 되었고 집권당이 됐다.

이는 "모든 가정이 아파트 투기로 7% 경제 성장과 4만 달러 소득 달성을"이라는 공약을 내세워 대통령과 집권당이 된 것이라고도 할 수 있다. 1920년대 말, 미 공화당 후버 대통령의 선거 공약을 연상시킨다.

경제위기가 심화되면서 사람들이 걱정하던 2008년 초에도 정부와 여당은 여전히 위기를 부정했으며, 자유주의를 자유방임주의로 착각한 채 정치 이념을 앞세워 일부 특권 계층을 위해 각종 규제를 완화했다. 이는 규제 완화라기보다는 오히려 특권 계층을 위한 편법적 특혜 조치라고 보는 편이 타당하다.

또 이명박 정부는 리먼브라더스가 파산하고 불과 한 달도 채 안 된 시점에서 금융 글로벌화를 외치며 리먼브라더스를 인수하겠다고 나섰다. 그것도 달러 보유고가 바닥나 원/달러 환율이 폭등하는 상황에서 말이다.

그동안 현 정부는 경제위기를 끊임없이 부정했다. 그러다가 미국을 비롯한 세계 경제 악화로 인해 일시적인 위기를 겪을 뿐이라고 했다. 은행의 위기가 끊임없이 제기되고 있었지만, 한국의 은행과 금융시장에는 전혀 문제가 없다고 말했다. 그러나 곧바로 사상 초유의 위기이고 은행들이 문제라며 자신의 말을 뒤집었으며, 은행 임직원들의 급여를 감봉해야 한다고 말했다. 은행이 무슨 부실을 얼마나 안고 있는지에 대해서는 일언반구 없이 거액의 공적 자금만 쏟아 붓고 있다.

위기가 한창일 때, 이명박 대통령은 틈만 나면 국민들에게 주식과 펀드를 사라고 외쳐댔다. 또 한국 경제에 거품은 없다고 주장하던 대통령이 이제는 거품을 빼야 한다고 외치고 있다. 불과 몇 달 전만 해도 경제위기는 없다던 대통령이 이제는 스스로 앞장서서 경제위기를 외쳐대며 대규모 건설 경기 부양책과 거품 빼기 구조 조정을 강요하는 것이다.

말 안 듣는 공무원을 잘라내면서까지 대통령이 나서서 부동산 투기를 부추기고, 건설업계를 위해 4대강 정비사업처럼 필요성도, 사업성도, 시급성도 없는 토목 사업들을 추진하고 있다. 당시 여당 대표는 대통령에 맞장구치면서 전 국토의 공사장화를 외쳐대고 있었다. 참으로 안타까운 일이다.

돌아보면, 경제위기는 정치적 이념과도 밀접한 연관이 있는 것 같다. 특히 자유주의와 자유방임주의를 혼동하는 정치 이념이 시장경제를 지배할 경우 경제 혼란은 더욱 커진다. 신고전파의 자유주의가 정치 이념 세력과 경합하게 되면 특권 계층 위주의 자유방임주의로 쉽게 변질되기 때문이다.

1930년대 대공황, 1970년대 초 닉슨 쇼크와 변동환율제 이행의 혼란, 1980년대 말의 부동산 투기 버블과 금융위기 그리고 최근의 경제위기 모두 공화당이 집권했던 때 발생했다. 결코 그냥 넘겨선 안 되는 교훈이다.

관료 독재와 벌거숭이 임금님

민주주의 시장경제를 이해 못하는 관료들

지난 참여정부 때의 일이다. 2006년, 우리 연구소는 정부로부터 지역 산업 혁신 사업과 관련하여 연구 용역을 요청 받았다. 알다시피 참여정부의 최대 정책 공약 사업은 국토의 균형적인 발전에 관한 것이다. 최근 논란이 되고 있는 행정 중심 복합 도시인 세종시는 물론 각종 지역 산업 혁신 사업 등이 이에 포함돼 있었다.

이미 고인이 된 노무현 전 대통령은 당시에나 퇴임 후에도 지역 산업 혁신 사업을 참여정부의 최대 성과로 꼽았다. 유감스럽게도 노 대통령은 이 사업에 대해서는 정부 관료들에게 '벌거숭이 임금님' 취급을 당하지 않았나 하는 생각을 지금도 지울 수 없다.

그 내용은 이렇다. 참여정부는 당시 전국 광역시도별로 총 2022개에 달하는 엄청난 수의 균형 발전 정책 사업을 추진했다. 당시 우리 연구소 보고서에서도 밝혔지만, 각 정부 부처별로 추진하고 있는 균형 발전 세부 사업 내용들을 각 광역시도별로 모아봤더니, 일반 사람들은 놀라서 기절할 정도였다.

사업의 숫자가 많기 때문만은 아니었다. 문제는 이들 사업 상당수가 중앙 부처의 이기주의로 인해 연계성 없이 추진되고 있었다는 점이다. 예를 들어 당시 산업자원부의 경우 전국 53개 지역과 55개 대학에 혁신장비센터와 혁신연구개발센터를 설치하고, 전국 15개 지역에 테크노파크를 구축하며, 기술원과 연구소 등을 각지에 건립하고 있었다.

그런가 하면 정보통신부는 전국 광역시도마다 정보통신연구진흥원과 IT클러스터 등을 구축하고 있었으며, 중소기업청은 벤처창업보육센터를 전국 각지에 설립하고 있었고, 교육부는 전국 대학에 BK21 사업과 NURI 사업이라는 비슷한 명목으로 100개가 넘는 전문 인력 양성 사업을 전개하고 있었다.

이런 사업은 대부분 건물과 고가의 장비, 관리 인력 등이 따라붙는다. 각 부처들이 서로 연계해서 지역 단위마다 통합해 사업을 추진했다면, 각 지역마다 통합하여 적은 건물과 장비, 관리 인력으로도 충분히 소화할 수 있었다고 본다. 그러나 모든 부처들이

제각각 사업을 추진하다 보니, 각 부처의 사업마다 독자적인 건물과 장비, 별도의 관리 인력을 배치하고 있었다. 그러다 보니 각 사업 기관의 사무국은 중앙 부처의 낙하산 자리이자 지자체의 밥그릇이 되었다. 지역 산업 혁신 사업이 중앙과 지방 공무원들의 자리 만들기나 실업 대책 또는 산업단지 개발 사업이 아닌가 하는 착각이 들 정도였다.

당연히 이 과정에서 엄청난 국민 혈세가 낭비되고 있었다. 지역 사정을 제대로 감안하지 않은 채 첨단 산업 육성이라는 명목 하에 무조건 고가의 장비와 시설을 전국 방방 곳곳에 겹치게 만들어놓은 탓에 장비의 평균 가동률이 30%에도 미치지 못했다. 수천만 원에서 수억 원에 달하는 장비를 구입한 후 한 번도 사용하지 않은 경우도 많았다.

뿐만 아니라, 기관들은 기관들대로 중앙 부처들이 밥그릇 싸움의 결과로 일을 벌여놓았으니 자신들이 먹고살 수 있는 운영비(인건비)를 계속 지원해달라고 아우성을 쳤다. 이들 기관 수만 해도 대략 200여 개가 넘을 것으로 추정됐는데, 각 기관마다 최소 10여 명에서 최대 100여 명 이상 근무하고 있었다. 1인당 연간 5천만 원의 인건비가 소요된다면 인건비만 해도 매년 1500억 원 이상 들어갔고, 거기에 건물 유지비나 장비 운영비 그리고 사업 추진비 등을 생각해보면 금액은 상상을 초월할 정도였다.

그뿐만이 아니었다. 지역의 혁신 주체들을 중심으로 지역 산업 클러스터화를 위한 혁신 사업을 한다고 하면서도, 중앙 각 부처마다 자기 밥그릇이라며 꽉 움켜쥐고 놓아주지 않았다. 그러다 보니 각 지방은 무엇 하나 자율적으로 할 수 있는 형편이 못 되었다. 그러니 성과를 기대한다는 것은 애초부터 무리였고, 천문학적인 예산이 투입되고도 성과가 제대로 나오지 못했던 것이다.

　사실 처음부터 중앙 부처 스스로가 성과를 무시하고 있었다. 성과를 따지면 결국에는 그 사업들을 움켜쥐고 있는 자신들이 비판 받기 때문이다. 그래서 성과라는 말은 형식적으로 내세울 뿐 실제로는 전혀 따지지 않고 있었다.

　당시 거의 모든 중앙 부처에서는 자신들이 추진하고 있는 사업들이 어떤 상태인지 현황조차 제대로 파악하지 못했다. 현황을 파악하지 못하고 있었다기보다는 일부러 파악하지 않았다는 편이 옳을 것이다. 어차피 국장이든, 과장이든, 담당 사무관이든 짧게는 몇 개월, 길어봐야 1년 남짓 있으면 다른 자리로 옮겨 가기 때문에 굳이 자기가 하지도 않은 일에 책임질 필요가 없다는 인식이 팽배했던 것이다.

　다시 연구 용역 보고서로 돌아가자. 우리 연구소가 정부로부터 연구 용역을 의뢰 받은 것은 지역 산업 혁신 사업을 둘러싸고 부처 간 중복과 밥그릇 싸움으로 시행착오와 혼란이 계속되자, 이를 개선할 방법을 찾기 위해서였다. 이에 우리 연구소는 2006년에 4개월 동안 각 지역 현장을 방문해서, 200여 명에 달하는 지역 관계자들과 현장 인터뷰 등을 통해 실태와 문제점을 파악하고, 그 개선 방안을 담은 보고서를 제출했다.

문제는 그다음이었다. 그 보고서 발표에 대해 담당 국장이 제동을 걸었다. 보고서 내용은 제대로 보지도 않은 채 말이다. 그리고 자기 입맛에 맞게 내용을 고쳐달라고 요구했다. 기가 막혔다. 그렇게 자신이 있다면 연구 보고서가 제대로 된 것인지 아닌지 공개한 후 평가 받으면 될 일이었다. 당시 연구 보고서가 그대로 공개됐다면 전국의 지자체와 지역 산업 혁신 사업 담당자들은 정말 좋아했을 것이다.

담당 국장이 연구 결과를 공개하지 못하도록 한 이유는 하나뿐이었다. 자기 부처, 자기 국의 밥그릇을 지키기 위해서다. 그러면서 대통령이 지역 혁신 현장을 방문할 때면 잘하고 있다고 연출하기 위해 온 힘을 다했다. 대통령은 사실과 다르게 연출된 내용을 보고서 국민들 앞에서 잘되고 있다고 말하는, 이른바 '벌거숭이 임금님'이 돼버린 것이다.

지역에서는 불만이 누적되고 있는데, 대통령은 홀로 자화자찬을 하고 있는 것처럼 비춰진 것이다. 대통령이 아무리 잘하려고 하고 균형 발전을 위해 지역에 지원해주려고 해도, 결과적으로는 그 지역에서도 욕을 얻어먹을 수밖에 없게 된 것이다.

물론 당시 보고서 문제는 그 담당 국장 개인만의 문제가 아니었다. 그 사람도 어쩌지 못하는 정부 관료 시스템의 철밥통 틀 때문이었다. 지역 산업 혁신 사업의 개선 방안에 공감한다고 해도, 밥그릇을 건드린다는 이유로 전체 관료 사회에서 왕따를 당한다면 자신의 관료 생활도 그것으로 끝나기 때문이다. 일개 국장 입장에서는 그렇게 부담스러운 일을 굳이 자청할 필요가 없었던 것이다.

더 기막힌 것은 어차피 정권이 바뀔 가능성이 높다고 보는 마당에, 참여정부가 추진해온 균형 발전 사업이 공중 분해될 것에 대비해서 자기 부처와 자기 국의 밥그릇 그리고 자신의 자리 보존을 걱정하는 것이 이들에겐 더 시급한 과제였다는 사실이다.

지역 산업 혁신 사업은 어찌 보면 하나의 예에 불과할지 모른다. 지난 정부 내내 논란이 됐던 한미 FTA나 양극화, 부동산 문제 등에서 대통령은 정부 관료들의 레퍼토리에 세뇌된 학생처럼 보였다.

우리 연구소는 그동안 부동산 문제를 비롯해 최근 몇 년 새 한국 경제가 처한 어려움이 주로 정부 관료들의 무능과 무지, 그리고 도덕적 해이에서 비롯됐다고 주장해왔다. 이들은 각종 경제 문제를 풀어가는 과정에서 국민들의 입장에서 제대로 이해하고 해결책을 강구하기보다는 오히려 자신들의 밥그릇 지키기를 우선해왔기 때문이다.

한미 FTA를 둘러싼 국민적 찬반 논란만 봐도 그렇다. 정부 관료들은 이 문제가 경제적 효율성 문제 이전에 사회적 배분의 선택에 관한 민주주의의 문제라는 점을 전혀 이해하지 못했다. 한미

FTA는 시장경제의 가격 메커니즘에 관한 문제이기 이전에, 사회적 배분을 둘러싼 이해 갈등을 조정하는 것이 선행되어야 하는 문제였다.

자유교역 확대가 경제 총량 면에서 서로에게 유익하다는 것을 오로지 관료들만이 알고 나머지 국민들은 모르고 있다고 생각하는, 그런 우스운 이야기가 어디 있는가? 그러니 일부 관료들의 어쭙잖은 애국심이나 엉터리 사명감 따위로 결정할 사안이 아니었던 것이다.

이웃 일본이 무엇이 모자라 미일 FTA를 추진하지 않는지를 생각해보라. 일본 관료나 정치권 또는 언론과 국민들이 한국보다 어리석고 바보라서 미일 FTA를 추진하지 않겠는가? 일본 역시 지난 2001년에 미일 간 FTA 추진을 검토했다. 그러나 문제의 핵심이 미일 간 교역 총량 확대라는 경제적 논리에 있는 것이 아니라 일본 내 사회적 배분의 충돌이라는 민주주의적 의사결정의 문제, 즉 정치적 문제로 인식하고 포기했던 것이다.

우리 관료들은 말로는 민주주의와 시장경제를 운운하면서 실제로는 민주주의와 시장경제의 경계선조차 제대로 구분하지 못한 셈이다. 관료들이 어떻게 국민들의 실생활에 엄청난 변화를 줄 사안을 자기들 마음대로 결정할 수 있는가? 이는 의도한 것이든 그렇지 않든 '관료 독재'일 뿐이다. 그야말로 민주주의를 심각하게 훼손하는 행위인 것이다.

이 같은 이야기는 이미 1930년대부터 미국에서 피구 Pigou 와 힉스 Hicks, 새뮤얼슨 Samuelson 등으로 이어지는 후생 경제학 (공공경제학)의 거장들이 했던 말이다. 이 분야에서만 노벨경제학상 수상자가 10여 명 이상이 나왔을 정도다. 시장경제 논리를 주장하는 대한민국 관료들이 현대 시장경제 이론의 기초를 구축한 이들 천재 학자들보다 더 뛰어난 사람들이란 말인가? 정말 웃기는 소리다.

무식과 무지無知 그리고 무지無智

아버지께선 일제 시대 때 일찍 부모님을 여읜 탓에 초등학교도 다니지 못하셨다. 독학으로 글을 깨우치신 아버지는 자식들의 교육을 위해 모든 것을 희생하셨다. 그 시대를 살아온 대부분의 부모들이 마찬가지일 것이다.

그러나 나는 선친에 비해 월등히 많이 배웠는데도 인생의 경륜과 삶의 지혜 면에서는 어리석고 미련해서, 때때로 아버지께 꾸중을 듣곤 했다. 잘 알지 못해서無知라기보다 삶의 지혜를 몸으로 터득하신 선친이 보기엔 무지無智했던 데 대해 꾸지람을 들었던 것이다.

무식無識과 무지無知의 개념부터 살펴보자. 먼저 무식은 영어로 'illiteracy' 또는 'uneducatedness'로, '배우지 못하여 아는 것이 없다'는 뜻이다. 또 무지無知는 영어의 'ignorance'에 해당하는 것으로 '알지 못하여 어리석고 미련하다'는 뜻이다.

이에 비해 무지無智는 'unintelligence'로, '지혜롭지 못하거나 지혜가 없음'을 의미한다. 따라서 무식하거나 무지하지 않더라도, 즉 배웠거나 어리석고 미련하지 않다고 하더라도 세상 사는 이치를 알지 못하여 지혜롭지 못하면 무지無智하다고 할 수 있다.

집안 형편이 어려워 배우지 못했거나 공부가 적성에 맞지 않는 사람이 어떤 것을 알지 못할 경우에 무식하다고 할 수 있다. 예컨대 고령 세대는 집안 형편이 어려운 탓에 초등학교도 제대로 다니지 못하여 글을 제대로 읽지 못하거나 학문적 지식이 없는 경우가 많다. 그러나 무식해도 오랫동안의 인생 경륜을 통해 터득한 삶의 이치나 도리에 대해서는 지혜로울 수 있다.

이에 비해 어떠한 이유로든 배우지 못한 사람이 자신의 무식함을 자각하지 못하고 어리석고 미련한 행동을 서슴지 않고 할 경우에는 무지無知한 사람이라고 볼 수 있다. 그런 점에서 무식하다는 말보다는 무지無知하다는 말이 더 모욕적인 셈이다. 그러나 무지無知한 사람이라고 해도 경우에 따라서는 못 배웠기 때문에 그러려니 하고 이해하고 넘어갈 수 있다.

문제는 무지無智한 경우다. 설령 배웠다고 하더라도 지혜롭지 못하여 세상 사는 이치나 도리를 제대로 이해하지 못하거나 문제를 슬기롭게 해결할 수 없는 사람들의 경우에는 난감한 생각이 든다.

이런 사람들에게 무지無智함을 지적하게 되면 합리적이고 논리적인 논쟁이 되지 못하고 감정 싸움으로 치닫게 되는 경우가 많다. 알량한 학식이나 학력을 내세우며 자신의 자존심에 상처를 받았다고 생각하기 때문이다.

그런데 가장 심각하고 대책이 없는 경우가 무지無智한 사람이 무지無知한 경우다. 학력이 있는 사람이라 할지라도 지혜롭지 못한 정도를 넘어서 어리석고 미련한 행동을 서슴없이 하는 경우에는 정말 대책이 없다.

특히 이런 사람들에게 권력이 있을 때에는 자신들의 무지無知를 위장하기 위해 수단과 방법을 가리지 않는 이전투구와 도덕적 해이가 극성을 부리게 된다. '지혜롭지 못해 문제 해결 능력이 안 되는 것은 당신이나 나나 마찬가지인데, 나라고 못할 이유가 뭐냐'는 식으로 자신들의 무지無知함을 서슴없이 드러낸다.

오늘날 여야를 막론하고 정치인들이 무지無智함을 넘어서 무지無知한 짓을 서슴없이 하는 것은 자신들의 그릇으로는 도저히 감당할 수 없는 권력에 대한 끝없는 탐욕 때문이 아닌가 싶다. 자신들의 주제도 제대로 파악하지 못한 채 분에 넘치는 탐욕만이 넘처나 무지無智함을 넘어서 무지無知함조차도 당연한 것처럼 생각하게 된 것이 아닌가 하는 생각이 드는 것이다.

도를 넘는 욕심만으로 국가를 경영할 수는 없다. 무릇 정치하려는 사람은 분에 넘치는 과욕을 버리고 마음을 비워야 한다. 그래야만 정책 중심의 정치가 보이기 시작할 것이다.

이 말은 최근 국무총리가 된 정운찬 총리에게도 해당된다고 할 수 있다. 유감스럽지만 개인적으로 정운찬 총리를 보면 무지無智하다는 생각이 든다. 그가 어떤 정치적 목적이 있었는지, 무슨 생각에서였는지 모르겠지만, 갑자기 이명박 정부의 총리가 되기로 했다. 잘 알다시피 그는 총리가 되기 전에는 이명박 정부에 대해 비판적인 발언을 해왔다. 그러던 그가 갑자기 세종시 문제를 거론하면서 이명박 정부의 총리가 되기로 한 것이다. 물론 이명박 정부의 총리가 된 것 자체를 문제 삼을 수는 없다. 그에게도 정치에 참여할 수 있는 권리와 자유가 있다. 그리고 그 나름대로 진지한 고민과 정치적 계산 아래 결정했을 것으로 생각된다.

그러나 그가 총리에 지명되자마자 세종시 수정 추진을 거론하고 나선 것은 스스로 무지無智함을 드러낸 것이라고 하지 않을 수 없다. 전문가에 따라 입장이 다를 수도 있지만, 세종시 문제는 여러 차례의 우여곡절 끝에 여야가 당리당략 차원에서든 국가 발전 차원에서든 합의를 통해 추진한 사업이었다. 민주주의 3권분립 제하에서 총리가 대통령 다음이라고는 하지만 대통령이 임명하는 임명직 관리다. 아무리 대통령과 정치적 거래를 했다 한들 대통령의 꼭두각시가 되어, 국민의 대의기구인 국회에서 여야 합의를 통해 법안이 통과되고 사업이 추진된 세종시 건설 사업을 일방적으로 뒤집으려 하는 것은 3권분립에 바탕을 둔 대의 민주주의가 무엇인지 전혀 이해하지 못하고 있다고 비판하지 않을 수 없다.

물론 정부도 정책 제시나 기존 정책에 대한 수정을 시도할 수는 있다. 그러나 정운찬 총리가 주장하는 기존 추진 방안의 문제점과 수정 불가피론은 명색이 국립대 총장을 지낸 경제학 교수라는 사람치고는 전혀 설득력도 없으며 참으로 유치하기 짝이 없다. 오히려 막무가내식의 억지주장에 가깝다. 그가 제대로 된 사고력의 소유자라면 세종시를 원점으로 되돌리려는 대통령을 막았어야 한다. 그 대신 당초의 입법 취지에 따라 지금까지의 문제점이 무엇이고 이를 개선하여 좀 더 효율적으로 추진할 수 있는 대책이 무엇인지 제안했어야 한다. 그에게는 국회가 그저 장식물로 보였다는 말인가? 뿐만 아니라 그의 방식대로라면 다음 정권의 대통령이나 총리가 그가 주장한 세종시 수정 추진 방안을 다시 뒤집을 수 있다는 사실 또한 이해하지 못하고 있다. 다소 부족하고 모자란 점이 있더라도 국민적 합의 사항에 대해서는 존중하는 전통을 확립해야만 민주주의 대의제가 올바로 발전할 수 있다.

대한민국의 총리가 민주주의 대의제를 마음대로 무시할 수 있을 정도로 대단한 자리인지는 모르겠다. 그러나 한 가지 분명한 점은 정운찬 총리가 참으로 어리석다는 것이다. 현 대통령이야 무지無知하고 자신이 한 말을 밥 먹듯 뒤집는 사람이니 그렇다고 쳐도, 명색이 경제학자라는 사람이 이런 기본 상식조차도 이해하지 못한 채 똑같은 행동을 해서야 말이 되겠는가? 그 역시 대통령과 매한가지로 무지無知한 사람이라고 하지 않을 수 없다.

구시대 특권 계층을
물갈이해야 하는 이유

경제학자보다 정치인이 더 중요한 이유

요즘 우리 사회를 보면 도덕과 신의와 성실은 사라진 지 오래된 듯하다. 오로지 사기와 편법만이 난무한다. 그런 사회에서는 힘 있고 돈 있는 사람만이 더러운 수법으로 배를 불릴 뿐이다. 지난 외환위기 이후 우리 사회는 공동체 구성원으로서의 연대감은 사라진 지 오래다. 기업이든 개인이든 정부 관료든 정치인이든 언론이든 수단과 방법을 가리지 않고 사기와 거짓말과 편법을 남발해 자신들의 사리사욕 채우기에 눈이 멀어 있는 것 같다.

대통령이란 사람은 어제 말했던 것을 오늘 부정한다. 어제는 747공약으로 한국 경제가 좋아진다고 떠들어댔다가, 오늘은 위기라고 말한다. 어제는 한국 금융기관에 문제가 없다고 했다가, 오늘은 은행들이 문제라고 말한다. 어제는 부동산 투기 조장을 위해 엉터리 정책을 마구 쏟아냈으면서, 오늘은 아파트 값이 더 떨어져야 한다고 말한다. 어제는 내수를 살려야 한다고 했으면서, 오늘은 임금을 삭감해야 한다고 말한다. 참으로 어처구니가 없다.

심지어 어제 무슨 말을 했는지조차 잊어버리고 있는 듯하다. 그래서 대통령에게는 거짓말이 더 이상 거짓말이 아닌 것이다. 기억을 못하기 때문이다. 국가 경영을 책임지는 자가 자신의 거짓말은 자신만의 신에게서 사죄 받으면 그만이라고 생각하나 보다.

거짓이든 기만이든 엉터리든 무엇이든지 자신만의 신에게서 잠시 동안의 예배로 사죄 받으면 그만이라고 생각한다면, 그야말로 민주주의 공화정에서 국가 권력이 신으로부터 나온 것인지, 국민으로부터 나온 것인지를 구분하지 못하는 무지함 그 자체라 하지 않을 수 없다.

거짓말인지 아닌지, 거짓말을 했는지 안 했는지 사리 판단조차 못하는 사람에게 과연 양심과 공동체적 도덕성을 기대할 수 있는가? 세상이 어떻게 돌아가는지조차 모르는 사람이 어떻게 국가를 온전히 경영할 수 있겠는가? 요즘의 한국 사회와 한국 경제가 겪고 있는 혼란은 밖에서 온 것이 아니다.

정부와 여당인 한나라당은 또 어떤가? 모든 국민들이 불황의 고통에 허덕이고 있는 판국에 얼토당토않은 방송미디어법이나 밀어붙이고 있지 않은가 말이다. 경제 난국을 빌미 삼아 자신들의 더러운 권력욕을 채우고 끼리끼리 해먹으며 사리사욕을 챙기는 데 혈안이 되어 있는 것이다. 참으로 더러운 현실 정치의 단면이다.

이 같은 현실 정치판이 한국 사회와 국민들의 삶 모두를 더럽히는 원흉이다. 이 때문에 한국 사회가 붕괴되고 있으며, 많은 국민들이 질식사할 지경에 이르고 있다. 특히 이 가운데 최대의 피해자이자 희생자는 힘없고 돈 없는 일반 서민들이다. 또 젊은 세대들은 자신들의 운명을 결정할 중요한 문제의 의사결정에는 참여하지 못한 채 구시대 기득권 계층들의 더러운 오물을 하염없이 몽땅 뒤집어쓸 뿐이다.

더러움이 더할수록 자식 세대들은 미래의 꿈과 희망은커녕 당장 인간으로서 최소한의 존엄성마저도 포기해야 한다. 이들은 사회에 첫발을 내딛자마자 청년 백수로 전락하며, 인간적인 자긍심마저 포기하고 극도의 열등감과 소외감으로 자기분열 상태에 빠져 고통을 겪고 있다. 마음 한구석에선 '나도 사람이다'라고 끊임없이 외쳐대고 있을 것이다.

설령 일자리를 얻었다고 해도, 언제 잘릴지 몰라 불안해하며 자기방어를 위해 어쩔 수 없이 남들과 똑같이 더러운 짓거리에 참여해야 하는 자괴감에 고민하기도 한다. 마음 한 켠에선 '나도 양심이 있다'라고 끊임없이 외쳐대고 있을 것이다. 한번 백수가 되면 영원한 백수가 되어버리는 사회에서 멀쩡한 젊은이들이 어떻게 사이코패스가 되지 않을 수 있겠는가? 여기가 어떻게 해서 사람 사는 사회라고 할 수 있겠는가? 어떻게 희망이 있는 나라라고 할 수 있는가?

나 역시 남들과 마찬가지로 자식을 키우는 부모로서, 자식 세대들의 고통을 앉아서 바라보고만 있을 수는 없다. 단지 남들보다 좀 더 많이 알고 있는 지식인으로서 도덕적 양심과 자식 세대에 대한 책임감으로 지금껏 노력해왔다.

솔직히 한국 사회의 이 같은 더러움과 절망이 계속된다면, 그리고 자식 세대를 구원할 수 없다면 우리 연구소도 더 이상 존재할 이유가 없을 것이다. 이 때문에 객관성과 중립성을 바탕으로, 한국 경제의 주체인 일반 국민들과 자식 세대의 아픔과 고통을 올바르게 이해하고, 이를 연구 성과물에 반영해 적극적으로 문제를 풀 수 있는 방안을 내놓고 있다.

물론 내로라하는 자본과 정보를 가진 재벌 연구소와 정부 출연 연구기관들도 많다. 그러나 이들에게선 객관성과 중립성을 찾아보기 어렵다. 일반 대중의 삶과 동떨어진 재벌 오너와 재벌 그룹의 사익을 위해 봉사하거나, 정권이나 집권 여당의 사리사욕에 맞춰 연구하고 있기 때문이다. 그들 스스로도 더러운 현실 정치에 참여하고 있는 셈이다.

이제 한국 사회를 뒤덮고 있는 더러움을 말끔히 씻어내기 위해서는 더러움이 없어질 때까지 끊임없이 깨끗한 물을 부어야 한다. 그리고 더러움을 씻어내고자 하는 사람은 먼저 깨끗함을 입증해 보여야 한다. 즉, 도덕적 양심과 정의의 실천을 먼저 공개적으로 입증해 보이고 구시대와 맞서야 한다.

우리 연구소에선 이미 오래전부터 한국 근현대사 100년 동안 한 번도 깨트리지 못한 앙시앵레짐ancien régime(구제도)을 타파해야 한다고 강조해왔다. 부도덕하고 무지하며 무능한 구시대 특권 계층에 대한 근본적인 물갈이 없이는 한국 사회와 자식 세대에게 희망이 없기 때문이다.

이를 위해 20세기 패러다임에 사로잡힌 부모 세대는 젊은 세대에게 자리를 양보하는 것이 순리다. 진보든 보수든, 좌든 우든, 부모 세대는 더 이상 지식정보화된 21세기의 변화를 따라갈 수 없으며, 한국 사회를 이끌어갈 수 없다는 사실이 이미 입증됐다.

21세기 새로운 패러다임을 만들어갈 수 있도록 부모 세대는 길을 터줘야 한다. 이것만이 한국 사회가 최소 비용으로, 가장 빠른 시일 안에, 평화적으로 21세기형 공동체적 민주주의 시장경제를 만들어갈 수 있는 유일한 방법이다. 나도 앞장설 각오가 돼 있다. 어떤 모진 시련이 닥치더라도 말이다.

재벌 오너와 청빈淸貧
그리고 청부淸富

경제 지도층이 되는 자질

얼마 전, 연구소를 찾아온 한 젊은 기자와 이야기를 나눌 기회가
있었다. 그에게서 받은 여러 질문들 가운데 기억에 남는 것이 2가
지 있다. 하나는 글로벌 경쟁 시대에 한국도 주인 있는 대기업에
사업을 적극 몰아주어야 경쟁할 수 있지 않겠느냐 하는 것이었다.
또 하나는 자본주의 시장경제는 사익 추구를 기본으로 하는데, 우
리 연구소는 사람에 대한 신뢰를 강조하고 있다는 점이 특이하다
는 것이었다. 개인적으로 매우 안타까운 생각이 들었다.

간단하게 이야기해보자. 우선 주인 있는 대기업에 무엇을

몰아주어야 하고 그러면 어떻게 국가 경쟁력이 생긴다는 것인지 잘 모르겠다. 민주주의 시장경제를 표방하는 어느 나라에서든 현실적으로 대기업과 중소기업이 공존하고 있다. 또 기업의 경쟁력이란 단지 기업의 크고 작음에 의해 결정되는 것이 아니다. 업종과 분야에 따라 대기업에 경쟁력이 있는 경우가 있을 수 있고, 중소기업이나 기술 벤처 기업에 경쟁력이 있을 수도 있다.

이 젊은 기자의 질문은 한국 재벌 오너 대기업에 몰아주자는 말을 염두에 둔 것 같다. 그러나 대기업일수록 경쟁력이 있다는 것과 재벌 오너에게 몰아주어야 한다는 이야기는 별개의 이야기다. 대기업의 경쟁력과 소유 구조 문제는 인과관계가 전혀 없다. 같은 대기업이라도 100명의 투자자로 이루어진 대기업과 1명의 오너로 이루어진 대기업이 있을 수 있다. 그러나 대중 자본주의의 발전과 자본시장의 선진화를 원한다면 100명의 투자자로 이루어진 대기업이 더 바람직하다는 사실은 잘 알 것이다.

문제는 한국의 경우 대기업에 몰아주자는 말은 재벌 오너 대기업에 몰아주자는 이야기라는 것이다. 말하자면 재벌 오너에게 은행도, 공기업도, 모든 것을 다 넘겨주자는 여론몰이인 셈이다. 이미 잘 알려진 대로, 한국 재벌 오너들은 자기 돈으로 대기업 집단을 지배하는 것이 아니라 극히 적은 지분만 가지고도 순환출자라는 편법을 이용하여 지배하고 있다. 이런 지배 구조는 재벌들이 주창하는 이른바 글로벌스탠더드에서 보더라도 시대착오적이다.

물론 대기업 오너가 모두 자기 돈으로 기업 집단을 운영한다면 누가 문제 삼겠는가? 그런데 자기 돈도 아니면서 왜 남의 돈마저 자기 것인 양 제 마음대로 하려 하는가 말이다. 이익이 나면 전부 재벌 오너 돈이고, 손해가 나면 일반 투자자 책임으로 몰아버리는 행태를 그동안 너무나 자주 보지 않았는가?

그런데도 이런 잘못된 지배 구조를 정부와 정치권이 감싸고 옹호하기에 바쁘다. 좌든 우든 정권이 바뀌어도 변함이 없다. 이것이 무슨 대중 자본주의란 말인가? 이 같은 엉터리 지배 구조로 자본시장 발전이며 글로벌 금융 산업 육성 운운하는 이유를 도무지 알 수가 없다.

미국이나 일본과 같이 민주주의 시장경제의 선진국 대기업들이 1인 오너의 지배 구조에 의해 경영되고 있는가? 일본의 도요타자동차가 1인 오너에 의해 경영되고, 미국의 인텔이나 마이크로소프트사가 1인 오너에 의해 마음대로 경영되는 재벌 대기업인가? 한마디로 재벌 오너를 에워싸고 정부 관료들과 정치권이 일반 대중 투자자들을 상대로 집단 사기극을 벌이고 있는 것이나 마찬가지다.

그뿐 아니다. 한국의 재벌 기업처럼 기업에 주인이 있어야 된다는 주장은 더욱 황당하기만 하다. 기업의 주인은 투자자다. 또한 재벌 기업이든 일반 기업이든 조직이므로, 조직을 효율적으로 경영하는 것은 경영 전문가이면 된다. 경영 전문가가 조직의 지분을 반드시 소유할 필요는 없다. 조직의 효율적 경영과 기업의 지배 구조와는 논리적으로 인과관계가 없다. 이런 엉터리 논리를 내세워 그동안 한국의 재벌 오너들은 경영 세습을 정당화한 것이다.

조직의 효율적 경영과 지배 구조 간에 인과관계가 있다고 주장한다면, 국가 역시 주인이 있어야 잘 운영된다는 황당한 결론에 도달하게 된다. 민주주의 국가에서 주인은 국민인데, 국민이 아닌 1인 지배자가 있어야 국가를 잘 운영된다는 주장이 된다는 말이다. 말하자면 독재 국가를 주장하는 셈이다. 이명박 정권과 집권당인 한나라당 그리고 뉴라이트 세력들이 일제 식민 지배에 대한 재평가와 함께 이승만, 박정희 독재 정권을 그토록 찬양하고 있는 이유도 이런 맥락이라고 보인다.

그다음 이야기를 해보자. 자본주의 시장경제에서 사리사욕을 추구하는 것은 당연하지 않느냐는 주장이다. 그러나 무한대의 사리사욕을 추구하는 것은 절대로 자본주의 시장경제가 아니다. 자본주의 시장경제는 자본과 시장에 대한 신뢰를 전제로 한다. 이 같은 신뢰를 쌓기 위해서는 자본과 시장의 정직함, 투명성, 건전성을 세워야 한다. 신뢰야말로 자본주의 시장경제의 본질이자 지속 가능한 체제적 속성이다.

미국이나 일본 등 선진 자본주의 국가와는 달리 한국은 청빈한 시장경제의 첫 단추를 껴본 적이 한 번도 없다. 과거 조선 말기의 탐관오리의 횡행과 일제 강점기, 독재 정권을 지나 현재의 정권에 이르기까지 제대로 된 서구적 시장경제의 청빈한 지도자 계층을 경험한 적이 없다는 말이다.

정권이 바뀌었는데도 정부 관료들과 정치권은 사리사욕에 눈이 멀어 정경관언사법 유착을 형성하고 끊임없는 정책 실패를 양산해내고 있다. 그래서 지금 한국 사회나 경제가 수단과 방법을 가리지 않고 '돈 많고 힘센 놈이 최고' 라는 식으로 돌아가고 있는 것이다. 그 결과, 국민들이 땅만 쳐다보게 만든 것이다. 땅이 황금이라도 된 양, 땅 속에 황금이라도 묻혀 있는 양 말이다. 국민들이 땅만 쳐다보게 만드는 엉터리 정책을 양산한 결과, 대통령이 되고 집권 여당이 된 것이다.

그러나 모든 국민들이 땅만 쳐다본 결과, 지금 모두가 천길만길 낭떠러지 벼랑 끝에 서 있는 처지가 되고 말았다. 모두가 죽느냐 사느냐 하는 극한 상황에 몰리고 있는 것이다. 고개를 들어 앞을 쳐다보고 내가 어디로 가고 있는지, 그리고 주위를 돌아보고 이웃이 어떻게 살고 자연과 환경이 어떤 상황에 처해 있는지 제대로 보았더라면 낭떠러지 절벽 끝에 서는 일은 없었을 것이다.

뻔뻔스럽게도, 이런 마당에 대통령은 애국심을 부르짖고 있다. 낭떠러지로 떨어져 죽게 만들어놓고 무엇을 어떻게 애국하라는 것인지 알 수가 없다. 게다가 이렇게 비판하는 우리 연구소를 비관론자니 폭락론자니 하는 식으로 몰아붙이는 행태가 참으로 가소롭고 비열하기 그지없다는 생각도 든다.

지금 한국 사회에 필요한 것은 청부淸富가 아니라 청빈한 지도자 계층을 만들어내는 것이다. 청빈한 지도자는 탐욕을 부리지 않기 때문에 마음을 비울 수 있다. 마음을 비우게 되면 모두가 더불어 살 수 있는 올바르고 합리적인 정책이 가능하다. 그리고 청빈한 정책들로 국가의 기반과 한국 경제의 기초를 새로 만들어야 한다. 일단 청빈한 지도자 계층을 경험해서 국가의 기반을 다진 다음에, 지도자 계층의 청부를 논하는 것이 순서일 것이다. 그런 여건을 만들려면 민초들이 스스로 나서야 한다.

선택의 기로에 선 대학 개혁

인재를 길러내지 못하는 대학

국공립대 법인화든 사학법 개정이든 여러 가지 대학 개혁 방안들이 모색돼왔고, 이 과정에서 많은 진통을 겪었다. 그런데 이 같은 개혁 방안들에 대한 찬반을 넘어서 지금 한국 대학들이 반드시 해결하고 넘어가야 하는 과제가 하나 있다. 대학의 심각한 공급 과잉 문제다.

1990년부터 2005년 상반기까지 전문대는 1990년 117개에서 2005년에 158개로 41개가 늘었고, 일반 대학은 1990년 107개에서 2005년 178개로 71개가 늘어났다. 특히 전문대와 일반 대학의 증가는 대부분 사립에 집중되어 있다. 일반 사립대학은 1990년 88개이던 것이 2005년에는 147개로 59개가 늘어났다. 사립 전문대의 경우에는 1990년 101개에서 1997년 144개로 포화 상태에 이른 후 더 이상 늘어나지 않고 정체 상태를 지속하고 있다. 이렇다 보니 대학의 구조 조정 문제는 사립대 구조 조정 문제라고 해도 과언이 아닌 것이다.

물론 대학의 수가 늘어난 것만으로 대학이 공급 과잉 상태라고 말할 수는 없다. 그러면 공급 과잉 여부를 다른 방법으로 알 수 있을까? 일반 제조업의 경우에는 흔히 매출과 가동률로 공급 과잉 여부를 판단한다. 마찬가지로 대학의 경우도 취업률(일종의 매출)과 가동률로 공급 과잉 여부를 판단할 수 있다.

제조업 등 일반 기업들의 경우에는 공급 과잉이 발생하면 시장 가격의 수급 조절 기능에 의해 싫건 좋건 구조 조정이 일어난다. 기업들은 매출과 가동률 수준이 급락하게 되면 경영 위기를 사전에 차단하기 위해 피해를 최소화하는 방식으로 구조 조정에 나서게 된다. 대학의 구조 조정 역시 기본 원리는 마찬가지다.

먼저 취업률 추이를 살펴보면, 전문대의 경우 2000년 이후 취업률이 75%를 상회하고 있는 데 비해, 4년제 일반 대학의 경우에는 취업률이 60%를 밑돌고 있다. 일자리 수에 비해 지나치게 많은 대학 졸업자가 배출되고 있어 대학 졸업자의 과잉 공급 상태가 지속된 것이다.

다음으로 대학의 가동률을 살펴보자. 통상 대학의 시설 및 교수진 투자는 재적생 정원을 기준으로 이루어지는데, 재적생 중 실제로 등록한 재학생의 비율, 즉 재학률은 대학의 물적, 인적 자원의 가동률을 의미한다고 할 수 있다. 실제로는 재학생을 기준으로 봤을 때 기본적인 교육 여건조차 제대로 갖추지 못한 사립 대학이 많은 것도 사실이다.

그런데 재적생은 대부분 사립대에서 증가하고 있다. 일반 대학의 재적생을 살펴보면, 국공립대는 1990년 25만 명에서 2005년 38만 명으로 13만 명이 늘어난 데 비해, 사립대는 1990년 79만 명에서 2005년 146만 명으로 무려 67만 명이나 급증했다. 또 재학생의 경우, 국공립대는 1990년 19만 명에서 2005년 26만 명으로 7만 명 증가한 데 비해, 사립대는 1990년 58만 명에서 2005년 99만 명으로 41만 명이나 증가했다. 이에 비해 전문대의 경우에는 재적생 및 재학생 수가 이미 2000년에 포화 상태에 이르러서 2001년부터 감소세를 지속하고 있다.

이에 따라 재학생 수를 재적생 수로 나눈 재학률을 계산해 보면 전문대의 재학률은 1990년 73.9%에서 2005년 62.1%로 11.8%가량 급감했다. 일반 대학의 재학률도 1990년 74.7%에서 2005년 68%로 6.8%가량 줄었다. 일반 대학보다는 전문대의 경영난이 훨씬 심각한 상태인 것이다.

그런데 재학률 추이를 면밀히 살펴보면, 국공립이든 사립이든 1999년을 기점으로 재학률이 급감하고 있다. 이는 저출산이 본격적으로 시작된 1981년생 학생들이 대학에 입학하기 시작한 해가 1999년이기 때문이다. 실제로 전문대와 일반 대학, 국공립대와 사립대 모두 예외 없이 1999년부터 재적생 수와 재학생 수 증가가 크게 둔화되기 시작하고 있을 뿐만 아니라 재학률도 급락하고 있다. 물론 1998년 IMF사태와 경기 침체의 영향도 있겠으나 이러한 재학률의 구조적인 감소 현상은 저출산에 의한 것으로, 전국의 전문대 및 일반 대학의 상당수는 재학률 감소로 인해 이미 심각한 경영 부실 상태라고 추정된다.

　　문제는 1981년 이후 최근까지 저출산이 계속 심화되어왔다는 점을 감안하면 2020년대 이후까지도 재학률 감소는 계속될 전망이라는 사실이다. 저출산 추세를 감안하여 재학률 추이를 전망해보면 2015년에는 59%, 2020년에는 55%까지 떨어질 것으로 추정된다.

　　이런 관점에서 볼 때 현재대로라면 전문대와 일반 대학의 공급 과잉 상태는 갈수록 심화될 것이다. 그로 인한 대학의 경영난도 더욱 심각해지리라는 것은 불을 보듯 뻔하다. 대학의 시설 및 설비, 교수진 등의 총투자에 비해 미등록 학생 수가 급증하게 되면 그만큼 대학의 가동률이 떨어지기 때문이다. 가동률이 떨어지게 되면 국공립대든 사립대든 규모를 줄이든지 통폐합하든지 하지 않는 한 기존 시설과 교수들에 대한 고정 비용을 충당하기 위해 학생

1인당 등록금을 계속 인상할 수밖에 없다.

그러나 등록금 인상도 현실적으로 한계 수준에 다다르고 있다고 보인다. 일부 기관의 조사에 따르면 4년제 일반 대학의 총비용이 6500만 원에서 1억2천만 원에 이르는 것으로 조사됐다. 어지간한 고소득층이 아니라면 빚지지 않고서는 자식을 대학에 보낼 수 없는 상황에 이른 것이다. 뿐만 아니라 가동률이 떨어지면 대학의 수입이 줄어들어 대학의 질적 수준 향상을 위한 시설 및 교수진에 대한 투자가 갈수록 부실해질 수밖에 없다. 그런데 아이러니컬하게도 국공립이든 사립이든 예외 없이 모두가 이런 투자 부진을 이유로 들어 이구동성으로 대학의 질적 수준 하락이 마치 정부의 예산 지원 부족 때문인 것처럼 억지 주장을 하고 있다.

한마디로 적반하장도 유분수다. 국공립이든 사립이든 대학 모두에 예산을 지원해줄 만큼 정부 예산이 무한정 있는 것이 아니다. 또한 누구는 주고 누구는 안 줄 수 없는 상황이니 결국에는 모든 대학에 똑같이 배분할 수밖에 없다. 그러다 보니 어떤 대학인들 입에 풀칠이나 제대로 할 수 있겠는가? 이런 상황에서 대학 지원 예산의 효율성이나 성과를 따진다는 것 자체가 애초부터 무리라고 할 수 있다. 또한 대학의 질적 향상을 기대하는 것도 무리다. 공급 과잉을 해소할 수 있는 통폐합 구조 조정 노력이 선행되어야만 예산의 집중적인 지원과 효율적인 활용이 가능한 상황이다.

그런가 하면, 대학 졸업자들은 천정부지로 치솟는 학비로 인해 졸업 후 사회생활을 시작하면서부터 학자비 금융 상환의 중압감에 시달려야 하는 상황에 직면하게 된다. 중하위 소득계층에서는 자식 하나 대학에 보내고 졸업시키기 위해 온갖 부업까지 하고 있다는 언론 보도도 심심치 않게 나온다. 이것이 한국 대학의 한심하고도 황당한 현실이다. 바로 여기에 한국 대학 개혁의 절실함과 시급함이 있다. 이미 한국의 대학 교육 시스템은 경제적으로 더 이상 버틸 수 없는 한계에 도달하고 있다. 이런 현실을 직시하지 않고 국공립대든 사립대든 엉터리 주장을 내세워 막무가내로 버틴다고 한들 강제적 또는 자발적 구조 조정은 피할 수 없다.

질적 경쟁력 강화 문제는 차지하고라도 양적 공급 과잉 상태에 있는 대학 전체를 지금 구조 조정하지 않는다면 한국 대학 교육은 붕괴될 수밖에 없다. 한국 대학 교육의 붕괴는 한국 경제 사회의 붕괴로 연결될 수밖에 없다. 그렇기 때문에 한국의 대학 개혁 문제는 대학교수들의 자리 보전 문제나 사학 소유자들의 사적인 이해 문제로 국한되지 않는다.

저출산과 경기 침체로 대학생 수가 구조적으로 줄어드는 상황에서 지금과 같은 공급 과잉 상태를 해소하지 않고서는 대학의 경영난을 피할 길이 없다. 특히 대학들이 구조 조정은 하지 않고 등록금만 올리는 식으로 미봉책을 계속하는 한 학생 수는 줄어들 수밖에 없으며 경영난은 가중될 뿐이나. 그렇다고 대학이 등록금을 올리지 않는다면 대학 교육의 질은 갈수록 떨어지고 그로 인해 한국 대학의 경쟁력은 악화된다. 그러면 대학은 한국 경제와 산업 발전, 나아가 사회 발전에 기여할 만한 우수한 인재를 배출할 수 없는 딜레마에 빠지게 될 것이다. 국공립이든 사립이든 대학과 교수들이 더 이상 한국 경제 사회의 특권 계층으로 남겠다는 시대착오적인 착각을 버리고 과감하게 개혁에 나서지 않는 한, 국민들에 의한 강제적인 대학 개혁은 불가피하다. 지금 한국의 대학들에 남은 유일한 활로는 선택과 집중에 의한 과감한 통폐합뿐이다.

국민들은 더 이상 엉터리 대학에 연구 개발비 지원이니 산학 협력 지원이니 하는 식으로 막대한 세금을 쏟아 부어 생명줄을 연장시켜주는 일을 용납할 수 없다. 국공립이든 사립이든 대학 개혁을 반대하는 무책임한 대학에 대해 국민들의 인내심도 이미 한계에 도달해 있다는 점을 명심해야 한다. 대학 개혁은 국가 장래가 걸린 중차대한 문제로, 더 이상 미룰 수 없는 이 시대 최대 개혁 과제 중의 하나인 것이다.

마음을 비운다는 것

비워야 보이는 역설

직업상 매주 글을 쓴다. 우리 연구소의 《경제시평》에 가입한 분들은 이미 잘 알고 있을 테다. 유감스럽게도 원래 타고난 글재주가 없는 탓에 매주 글을 써야 한다는 것이 참으로 고역일 때가 있다. 거짓말을 할 수도 없고, 그렇다고 했던 말을 또 하거나 남들의 이야기를 베낄 수도 없다.

이미 연구소 자료를 구독하는 유료 회원들이 수천여 명에 달하고, 이들 또한 평범한 사람들이 아니다. 국내 모든 금융기관의 펀드매니저나 애널리스트들부터 각 정부 부처 공무원, 민간 연구소 및 정부 출연 연구기관의 전문가, 언론인, 대기업 및 중소기업 경영자, 직장인, 개미투자자, 교수 및 대학생, 심지어는 해외 근무 주재원까지, 각 분야에서 자기 나름의 전문성을 갖춘 사람들이다. 어찌 생각하면 한국의 전문가 집단을 응집시켜놓은 축소판이라고 할 수도 있다.

각 분야의 전문가 집단을 상대로 거짓말이나 엉터리를 쓰게 되면 당장에 들통 날 것이다. 그리고 연구소는 곧장 엉터리 사기꾼으로 낙인찍혀 이미 오래전에 문을 닫았을 것이다. 다행스럽게도 많은 사람들이 우리 연구소의 유료 회원으로 가입하고 있다. 적어도 전문가 집단에게 엉터리는 아니라는 검증을 확실히 받았다고 해도 과언이 아니다.

또 하나, 사람들은 도대체 어떻게 그렇게 많은 글들을 쉴 새 없이 쓸 수 있는지 자주 묻곤 한다. 그것도 감상문이 아니라 세상의 돌아가는 여러 문제에 관한 전문적인 글을, 전문가 집단을 상대로 말이다.

물론 그와 같은 글을 쓰기 위해서는 쉴 새 없는 리서치와 분석이 뒤따른다. 또 연구 방법론에 대해 끊임없이 공부해야 한다. 이는 전문가가 글을 쓰기 위해서 갖추어야 할 필요조건이며, 이런 노력은 우리 연구소만 하는 것이 아니다.

다만 남들과 다른 점이 있다면 어떤 문제든 전체가 어떤 모양이며, 세부 내용이 무엇인지 파악하려고 노력해왔다는 것이다.

이 같은 훈련을 직업상 남들보다 오랫동안 해왔다. 그러다 보니 어떤 문제든 전체를 이해하지 못하고 세부 내용을 모르는 상태에서는 글을 쓰려고 해도 쓸 수 없게 돼버렸다. 문제의 단면이나 세부 내용에 대한 단편적인 지식만으로는 도저히 글을 쓰지 못하는 습관이 몸에 밴 것이다.

나와 우리 연구소 직원들은 결코 천재가 아니다. 타고난 재주가 있거나 남들보다 우수하지도 않다. 그저 다른 사람들과 똑같은 사람이다. 그런데도 우리가 그동안 써온 수많은 글이 전문가 집단으로부터 인정받은 이유는 마음을 비웠기 때문이다. 이것은 정말 중요하다. 우리 연구소에서 글을 쓴다는 것은 끊임없이 마음을 비우는 수도자의 과정이라고 생각해왔다. 그래서 글을 쓰는 것이 힘들거나 어렵게 생각되지 않는다.

오히려 마음을 비우는 수도의 과정이라는 점에서 즐거운 생각이 들 정도다. 언젠가는 나 자신이 글을 쓰고 있는 모습을 내려다보는 유체이탈의 무아지경에 빠질 때도 있었다. 언제 글을 썼는지도 모를 정도로 말이다. 이렇게 마음을 비우는 것이야말로 올바른 글을 쓰기 위한 충분조건이라고 생각한다.

마음을 비우지 못하면 어떻게 될까? 있는 사실을 있는 그대로 객관적인 입장에서 보지 못하게 된다. 또 논리적 일관성과 설득력을 갖춘 글을 쓰지 못하게 된다. 자신의 이해관계에 우선한 글이 되거나, 근거와 설득력이 희박한 주장을 선동하는 글을 쓸 수밖에 없다. 또 문제의 핵심을 꿰뚫어볼 수 있는 통찰력을 얻지 못한다.

　요즘 들어 세상 살기가 점점 힘들어지면서, 많은 사람들이 적은 돈이라도 잘 투자해서 돈을 모으려고 한다. 평범한 사람들 입장에선 너무나도 당연한 생각이다. 그러다 보니, 각종 금융기관을 비롯해 언론사 등에서 사업적 차원에서 각종 경제 정보나 투자 권유 자료를 쏟아내고 있다. 인터넷의 각종 동아리나 동호회 등에서도 개인 투자자들의 수많은 분석 자료들이 넘쳐나고 있다. 아쉬운 것은 이들 대다수가 마음을 비우지 못한 상태에서 쓰는 글이라는 점이다.

　금융기관이나 방송, 언론 들이 투자 고객이나 독자나 시청자들의 입장에 서서 마음을 비우지 못하다 보니, 있는 사실을 있는 그대로 전달하지도, 앞뒤의 흐름이 맞는 정보를 제공하지도 못하고 있다. 오히려 자신들의 이익을 우선해서 고객이나 일반 대중의 이익에 반하는 왜곡된 정보를 서슴없이 제공하기도 한다.

　정치권도 크게 다르지 않다. 정부의 내각 인선 과정이나 정치권의 선거 공천 과정을 보면 마음을 비우지 못하는 사람들이 참으로 많다는 사실을 느낄 때가 많다. 마음을 비우지 못하는 사람들이 정치와 권력에 지나치게 욕심을 내다 보니 자신들의 이익을 우선하여 수단과 방법을 가리지 않고 국가와 국민을 기만하는 행위를 아무렇지 않게 하는 것 같다. 그런 것이 현실의 정치인 양, 현실의 권력인 양 너무나도 당당하게 말이다.

마음을 비우게 되면, 그 순간부터 눈앞에서 무엇이 일어나고 있는지 제대로 보이기 시작한다. 그리고 왜 그런 일이 일어났으며, 앞으로 어떻게 될 것인가에 생각이 미치게 된다. 이어서 무엇을 해야 할 것인지에 대해서도 고민하게 된다.

무엇보다도 마음을 비우게 되면 남이 보이기 시작한다. 남들도 더불어 잘살 수 있어야 나도 잘살 수 있게 된다는 사실을 깨닫게 된다. 이는 지식인으로서의 도덕적 사명감을 자각하는 첫걸음이라고 생각한다. 모든 사람이 각자의 분야에서 마음을 비우려는 마음가짐을 잃지 않기를 바랄 뿐이다.

주식 투자를 바라보는 나의 생각

재테크에 대한 사실적 접근

경기가 회복 기미를 보인다고 말할 때 들먹이는 것이 종합주가지수다. 2008년 말과 2009년 초 한때 1000선 아래까지 떨어졌던 것을 생각하면, 요즘 주가가 오르긴 오른 모양이다. 주가 상승을 두고 경기 회복을 논하는 것은 제쳐두고라도, 과연 이 같은 상승의 단맛을 누가 봤을까?

물론 2008년 주식시장이 좋지 않을 때 과감히 투자해서 이득을 올린 사람도 있을 것이다. 또 부동산만큼이나 온 국민 사이에 불었던 펀드 열풍과 이어진 주가 폭락에 따른 '반토막 계좌'가 상당히 보전될 수도 있었을 것이다.

그런데도 여전히 개인 투자자들은 주식시장에서 죽을 쑤고 있다. 경제 펀더멘털이 좋아져서 주가가 상승한 것이 아니라, 정부 주도의 인위적인 경기 부양과 자산 거품에 따른 것이기 때문이다. 주가는 전보다 올랐을지 모르지만, 시장 자체의 변동성이나 위험성은 더 커지고 있다고 해도 과언이 아니다.

연구소에 있다 보면, 많은 사람들이 앞으로 주식시장이 어떻게 될 것인가에 대해 물어본다. 솔직히 어떻게 될지 안다면 나부터 돈을 벌지, 남에게 알려주겠는가?

지난해 하반기 주식시장이 침체되었을 때 일부 금융기관이나 경제 신문 등의 언론 매체 또는 투자 사이트에서는 지금이야말로 한탕 할 수 있는 기회라는 식으로 엄청나게 펌프질을 해댔고, 남의 돈 벌어주느라 정신없는, 한없이 착한 사람들처럼 보였다.

그러나 세상에 남의 돈 벌어주는 착한 사람은 그렇게 많지 않다. 그다지 믿을 것이 못 된다는 말이다. 그렇게 기회가 좋으면 자신이나 돈을 벌 것이지, 왜 남까지 신경 쓰는지 이해가 되질 않는다. 이제는 웬만한 투자자들도 알겠지만, 증권사 애널리스트 등의 관심은 주식이 오르락내리락하는 것보다 많은 사람들을 주식시장으로 끌어들여 거래하도록 하는 것이다.

그러면 다시 주식 투자 쪽으로 돌아가보자. 개인들의 주식 투자에 대한 위험성은 제쳐두고라도, 현재의 국내외 경기 상황에 대한 올바른 판단이 중요하다.

우선 미국발 금융위기 1년이 지나면서, 세계 경제가 얼마나 안정을 찾았는가 하는 점을 살펴봐야 한다. 전보다 경기 회복 속도가 빨라지고 있다고 하지만, 미국은 여전히 침체 국면이다. 고용은 늘지 않고, 앞으로도 최소 1~2년 이상 불황이 지속되리라는 것이 전문가들의 의견이다. 일본식 장기 불황의 가능성도 말하고 있다. 미국 경제는 세계 경제의 4분의 1을 차지하고 있다. 미국이 자칫 장기 불황으로 빠진다면, 과연 세계 경제가 온전하게 돌아갈 것인가?

새롭게 떠오르는 해로 찬양해 마지않았던 중국 경제마저도 부동산 버블 붕괴 위험이 갈수록 높아지고 있다. 그나마 주식시장이 폭락하다 상승세로 돌아선 것도 중국 정부가 나서서 주식을 사들였기 때문이다. 게다가 중국 국민들에게 직접 돈을 나눠주면서 소비를 진작시키는 등 엄청난 규모의 재정 지출을 통해 경기를 끌어올리고 있다. 중국은 현재 단기적인 경기의 호불황이 문제가 아니라 중국 경제 시스템의 구조적 모순이 표출되고 있다.

한국 경제야 더 이상 설명할 필요도 없을 것이다. 국내외 경제의 돌아가는 모양새가 이쯤 되면 주식 투자에 대한 욕심도 버려야 하지 않을까 싶다. 예컨대 가장 위험이 큰 상태를 100이라고 하고, 위험이 전혀 없는 상태를 0이라고 하자. 이 경우, 현재 국내외 경제적 상황을 감안할 때 과연 위험의 크기가 어느 정도라고 생각하는가? 사람에 따라 여러 가지 견해가 있을 수 있으나, 최소한 70 이상

일 것이라는 생각에 대체로 동감할 것이다. 그렇다면 과연 지금 주식 투자에 몰빵을 해야 하는 때인지 아닌지 쉽게 알 것이다. 도박하기에는 너무나 위험이 큰 상황이다.

돈과 권력은 결코 무리하게 뒤쫓지 말라는 말이 있다. 돈과 권력을 뒤쫓는 이유는 자신이 할 수 있는 능력 이상으로 욕심이 과하기 때문이다. 욕심이 과하게 되면 화를 입는 법이다. 때가 아니면 움직이지 않는 것이 상책이다. 때가 아닌데도 무리하게 움직이다 보면 다친다. 나는 다른 사람들과는 다르다는 착각에 빠져 있다면 낭패를 볼 가능성이 크다.

지금은 경제위기를 극복하기 위한 각종 정책들의 결과가 어떻게 나오고 있는지, 어떤 시행착오가 발생하는지를 차분히 공부해야 할 때다. 그리고 위험이 줄어들 때까지 기다려야 한다. 위험이 최고조에 달한 때에 한탕주의에 매달리는 사람치고 돈 번 사람은 없다. 지금은 질러대서 한탕 할 수 있는 확률이 1%라면, 몽땅 날릴 수 있는 확률은 99%다.

정 도박을 하고 싶다면 로또라도 사서 즐기는 편이 낫다. 아니면 대통령이 지금이 투자 기회라 펀드에 투자하라고 말하니, 손해 보면 대통령이 대신 물어주겠다는 각서라도 하나 써준다면 투자를 하든지 하는 게 좋을 듯싶다. 그동안 돈을 벌었던 사람들은 금융위기에 대비해 자신의 돈을 지켜온 사람들이다. 돈을 잃지 않는 것도 돈 버는 방법 중의 하나라는 사실을 잊지 말기 바란다.

잘못된 게임의 틀

게임의 틀을 바꾸어야 삶이 바뀐다

연구소 일을 하면서 자주는 아니지만 지방에 있는 회원들과 소통하기 위한 자리를 마련하곤 한다. 지역 모임 자리에 가면, 온라인에서 낯익은 회원들과 마주 앉아 다양한 주제에 대해 서로 이야기를 나눈다.

그러면 환율 문제부터 시작해서 경기 전망, 유가 문제, 부동산 문제, 정치 문제, 금융위기설 등 여러 가지 질문이 쏟아져 나온다. 항상 느끼는 것이지만 지역 모임 자리에서 만난 회원들과 이야기를 나누고 질문을 받다 보면 적지 않은 분들이 표피적이거나 단편적인 문제들로 고민하는 것을 종종 보게 된다. 물론 일반인들 입장에선 언론의 엉터리 선동 왜곡 보도나 인터넷의 검증되지 않은 루머나 정보, 금융기관의 실적 올리기식 영업 자료를 통해 정보를 얻다 보니 그럴 수 있겠거니 하고 생각한다.

이런 질문에 대해 항상 하는 대답이 있다. 첫째, 환율과 같이 하루 단위 또는 일주일 단위의 초단기적 또는 단기적으로 움직이는 지표에 대해 물어본다면 얼마든지 설명해줄 수는 있지만, 그렇게 되면 질문하는 사람이 끊임없이 우리 연구소를 따라다니며 같은 질문을 계속해야 한다. 연구소의 답변에도 유효 기간이 있기 때문이다. 시간은 끊임없이 흐르며, 그에 따라 세상도 끊임없이 변한다. 따라서 새로운 환경 변화나 정보도 끊임없이 생성된다. 우리 연구소가 전지전능한 신이 아닌 이상 환율을 전망할 경우 유효 기간이 있을 수밖에 없다. 이는 우리 연구소만이 아니라 어떤 기관이든 마찬가지다.

또 하나는 환율이든 부동산이든 주식이든 얼마든지 그때그때 상황에 따라 각자가 판단해서 재테크를 할 수 있다. 우리 연구소 역시 얼마든지 이런 지표를 예측할 수 있다. 그러나 그런 지표를 하루하루 예측하는 것보다는 일반 투자자나 한국 경제의 건전한 발전을 위해 그런 지표들이 움직이는 잘못된 게임의 틀을 바꾸는 일이 더 중요하다고 생각한다.

환율이나 부동산, 주식 등은 결코 혼자서 저절로 움직이는

것이 아니다. 이들을 움직이는 경제적 배경이나 제도적 틀이 있게
마련이다. 환율 제도나 환율 정책 또는 부동산시장 구조나 부동산
정책, 주식시장 제도나 주식시장 정책 등과 같이 환율이나 부동산,
주식 등을 움직이는 기본 틀이 있는 것이다.

문제는 이 같은 제도적 틀이 원천적으로 일반 투자자들을
기만하며, 그들에게는 불리하다는 점이다. 따라서 아무리 환율이
나 부동산, 주식 등을 잘 예측하려고 애를 쓰고 우리 연구소의 이
야기를 들어보려 한들, 얼마나 도움이 될지 의심스럽다. 일반인들
은 이미 시작부터 지는 게임을 할 수밖에 없기 때문이다.

우리 연구소가 계속 강조하고 있는 것이 바로 이 점이다. 일
반 소비자나 투자자에게 절대적으로 불리하게 된 게임의 틀을 근
본적으로 바꾸지 않는 한, 아무리 용을 써도 결국에는 손해를 볼
수밖에 없다는 말이다.

현 정부가 추진하고 있는 이른바 '친기업 정책'이라는 것도
여기에 대비해볼 수 있다. 말로는 친기업 정책이라고 하지만, 달리
표현하면 재벌 몰아주기 정책이나 다름없다. 또 소비자나 투자자
입장에서 보면 소비자 기만 정책이고 투자자 우롱 정책이다. 일반
인들이 이런 엉터리 게임의 틀에서 아무리 노력한들 엉터리 언론
의 끊임없는 선동과 기만과 엉터리 정보에 세뇌당할 수밖에 없고,
결국엔 피해를 입게 된다.

기업은 일반 소비자와 투자자를 위해 존재하는 것이지, 소

비자와 투자자 위에 군림하는 것이 아니다. 기업이 소비자와 투자자를 위해 존재할 때 비로소 기업에 대한 신뢰가 쌓이고 경쟁력도 생겨나는 것이다. 기업이 지속 가능한 성장을 할 수 있는 것도 소비자와 투자자의 이익에 부합할 경우뿐이다.

정부와 정치권 역시 그런 게임의 틀을 만들어야 할 책무가 있다. 그런데도 현 정부와 여당은 친기업을 앞세워 기업과 언론, 사법 등과 유착하며 일반 소비자와 투자자 위에 군림하려 하고 있다. 지난 4월 삼성 에버랜드 전환사채 사건에 대해 대법원이 무죄 판결을 내린 것이 그 대표적인 증거다.

이 판결에서 볼 수 있듯이 이들은 애초부터 민주주의 시장경제를 원하지 않는다. 이들은 자신들의 특권을 영원히 유지할 수 있는 특권 독재 국가를 만드는 것이 지상 최대의 과제인 사람들이다. 일반 서민들이야 어떻게 되든 상관없다. 특권 계급들에게 일반 서민들은 시키면 시키는 대로 해야 하는 머슴에 불과할 뿐이다.

이번 대법원의 무죄 판결은 한마디로 웃기는 소리다. 대법원 스스로가 자신의 존재 이유를 부정하는 판결을 내린 것이다. 대법원 스스로가 정치권력의 시녀로 전락했으며, 재벌의 시종으로 무릎을 꿇은 것이다. 삼성이 마음에 들고 안 들고 하는 저차원적인 이념이나 감정의 문제가 아니다. 우리 연구소는 그렇게 수준이 낮지 않다. 삼성에버랜드 전환사채 사건은 민주주의 시장경제의 기본 질서인 게임의 룰을 부정한 사건이기 때문에 그렇다.

대법원의 이번 판결은 민주주의 국가에서 특정 재벌인에 한해 헌법상의 특권적인 예외를 인정한 것이다. 또 이번 판결로 자식에게 한 재산 물려주고 싶은 대한민국 사람들은 전환사채 발행을 통해, 또는 그와 성격이 유사한 내부 금융 거래를 통해 상속세나 증여세를 내지 않고서도 물려줄 수 있는 길을 열어준 셈이나 마찬가지다.

대한민국에서 자식에게 상속하고 싶은 돈 있는 사람은 앞으로 모두 이와 유사한 방법을 사용하게 될 것이다. 그것도 순환출자라는 반시장적, 반反투자자적 지배 구조를 악용한 불법적 상속을 합법화시킨 셈이다. 정말로 우스운 짓이다.

대법원은 국민들이 모두 눈뜬 바보라고 착각하고 있는 것 같다. 삼성의 전환사채 사건은 계열사 간 순환출자의 반시장적 지배 구조를 바탕으로 부모와 자식 간에 내부자 거래 형식으로 초저가에 전환사채를 발행하고 인수하여 경영권을 승계한 불법적 탈세 행위다. 삼척동자라도 알 만큼 뻔한 사실이다. 그런데도 대법원은 삼성의 편법적인 경영권 승계를 위한 불법적인 내부자 거래 탈세 행위를 합법화시켜주기 위해 이와 유사한 모든 불법적인 상속 행위를 합법화시킨 것이다.

신영철 사건에서도 알 수 있듯이 한국 사법부는 재벌과 정치권력의 시녀이며, 그들의 잘못에 면죄부를 주는 하수인에 불과하다. 대법원은 정경관언사법 유착을 유지하는 것이 국가의 기본

시스템을 건전하게 유지하는 것보다 더 중요하다고 생각하고 있다. 한마디로 사법부 자체가 시대착오적인 엉터리 이념에 빠진 쓰레기들이다.

이들은 법철학적 평등과 정의 구현은커녕 자신들에게 보장된 3권분립의 독립적 권한조차 제대로 지키지 못한다. 자신에게 부여된 헌법상의 권한조차도 지켜내지 못한 자들에게는 오로지 국민들의 냉엄하고 혹독한 채찍만이 필요할 뿐이다.

케인지안

정부와 정치권은
왜 엉터리 케인지안들인가

케인지안은 케인스주의 경제학자라는 말이다. 영국의 경제학자인 존 메이너드 케인스는 실업을 해소하고 완전 고용을 실현하여 유지하기 위해서는 소비와 투자 등 유효 수요 확보가 필요하며, 이를 위해 정부가 재정을 통한 공공 지출 등을 해야 한다고 주장했다.

정부나 정치인들은 태생적으로 케인지안을 선호할 수밖에 없다고 생각한다. 오히려 케인지안을 위장한, 무책임하고 도덕적으로 문제가 있는 정부 관료와 정치인들로 넘쳐나고 있다고 봐도 과언이 아니다. 보수든 진보든 상관없이 말이다.

그 이유는 간단하다. 이들은 무언가 일을 벌여야만 티가 나며, 자신들의 존재와 실적을 홍보할 수 있다고 생각하기 때문이다. 그런 식으로 티를 내기 위해 각종 전시성 사업을 무리하게 벌인 결과 나타난 대표적인 문제로 수십 년에 걸쳐 지속된 재정 적자와 늘어나는 국가 채무를 들 수 있다.

예컨대 자유방임주의의 신고전파를 신봉한 보수주의자인 미국의 레이건Reagan이나 부시 행정부 역시 감세와 작은 정부를 주창했다. 그러나 미국의 재정 적자와 국가 채무는 사상 최대를 기록했다. 미국만이 아니다. 일본을 비롯해 유럽 선진국 등 많은 나라에서 만성적인 재정 적자와 심각한 국가 채무를 안고 있다.

그렇다면 어떻게 정부와 정치인들이 케인지안이 될 수밖에 없었을까?

잠깐 경제학 교과서를 살펴보자. 경제학에는 크게 2가지 이론적 주류가 있다. 이른바 신고전파 경제학과 케인스 경제학(케인지안)이 그것이다. 신고전파 경제학은 미시경제학, 케인지안은 거시경제학의 근간을 이룬다. 신고전파는 시장경제에서 단기적으로나 장기적으로 모든 것이 시장 가격의 수급 조절 기능을 통해 안정적으로 균형을 잡는다고 주장한다. 따라서 신고전파는 이 같은 기능을 통해 최종적으로 완전 고용 균형을 이루게 된다고 본다.

이에 비해 케인지안은 투기 등으로 인한 시장 실패나 노동시장의 임금 경직성을 들어 단기적으로는 정부가 재정 정책이나 금리 정책 등을 통해 실업을 해소하고 완전 고용 균형을 달성하게 하는 것이 필요하며, 장기적으로는 노동시장의 임금도 조절되므로 모든 단기 불균형이 해소된다는 주장이다. 즉, 장기적으로 따지면 케인지안과 신고전파 모두 결국에는 완전 고용을 이룬다는 측면에선 의견이 일치한다.

여기에서 정부나 정치인들이 존재할 수 있는 근거는 케인지안의 단기적 불균형뿐이라고 할 수 있다. 단기적인 불균형 상황에서만 물가를 안정시키고 실업을 해소하기 위한 경기 조절 정책이 필요하기 때문이다. 이런 점에서 보면 태생적으로 정부와 정치인은 단기적일 수밖에 없다고도 할 수 있다.

실제로 어느 나라든 정도의 차이는 있을지언정 정부 관료와 정치인들은 책임 회피와 선거를 기준으로 모든 것을 결정한다는 점에서 단기적이다.

단기 불균형을 시정하기 위한 정책은 정부가 시장 가격 또는 수급 조절 과정에 직접적으로 개입하는 것이다. 정부 정책의 이런 기능을 가격 안정화 기능 또는 시장 안정화 기능이라고 부르기도 한다. 물가를 안정시키기 위해 금리를 높인다든지, 실업을 줄이기 위해 공공 근로 사업이나 도로 건설 사업 등 재정 사업을 벌인다든지 하는 것처럼 말이다.

그러면 장기적인 정책은 없을까? 당연히 있다. 다만 이런 정책은 단기적 처방처럼 정부가 시장 가격이나 수급 조절에 직접 개입하는 것이 아니라, 경제 전체가 지향해야 할 방향을 설정하거나 성장 잠재력을 높이기 위한 제도나 시스템 등을 구축하는 것을 목적으로 한다.

예를 들어 교육에 관한 정책이 이에 해당한다. 주택 정책 역시 아파트의 경우 30~40년의 재건축 사이클을 감안하면 장기적인 정책이다. 이런 정책 과제들은 국가 발전 철학과 비전을 바탕으로 올바른 방향을 설정하고 일관성을 유지하는 것이 가장 중요하다. 이런 정책들은 제도나 시스템 설계가 중요하며, 정부가 직접적으로 개입해선 안 된다.

또 단기적 정책들은 주로 현재 살고 있는 세대의 문제지만, 장기 정책은 세대 간의 문제다. 따라서 장기 정책은 단기 대책보다 훨씬 공정하고 공평해야 한다. 잘못된 장기 정책은 세대 간에 부담을 전가하는 도덕적 해이를 발생시키기 쉽기 때문이다. 현실적으로 현재 살고 있는 세대가 의사결정을 내리고 미래의 자식 세대는 의사결정에 참여하지 못하기 때문에, 현 세대가 무책임하고 부도덕할수록 자식 세대의 희생은 커질 수밖에 없다.

우리나라의 경우를 보면, 과거 참여정부 때나 현 이명박 정부 역시 정부 관료들과 정치권은 단기나 장기 정책에 대한 기본적인 개념 구분조차 없는 것처럼 보인다. 시도 때도 없이 중구난방으로 바뀌는 교육 정책이나 부동산 정책이 그렇고, 2009년 들어 정부가 내놓은 각종 경기 부양책이나 추경 예산을 봐도 그렇다.

이런 식의 정책 실패가 계속될수록 단기적으로는 투기가 만연해 경제가 혼란에 빠지게 될뿐더러, 장기적으로는 성장 잠재력도 잃어버리게 된다.

더 황당한 것은 정부 관료와 정치인들이 교과서에도 없는 궤변으로 자신들의 도덕적 해이와 무책임을 덮으려 한다는 점이다. 재정 적자나 국가 채무 문제가 거론될 때마다 GDP 대비 몇 퍼센트는 다른 나라에 비해 상대적으로 양호하다느니, 아니면 선진국들의 국가 채무가 대략 GDP 대비 60~70% 정도이므로 그 정도까지는 괜찮다느니 하는 식으로 말이다.

이런 기만적인 기준은 정부 관료나 정치인들이 제멋대로 만들어낸 것이다. 자신들의 정책 실패 반복에 대한 무책임과 무능함, 도덕적 해이를 변명하기 위해서 말이다.

일반 개인들은 은행에서 돈을 빌리면 원리금 상환에 대해 책임을 지며, 못 갚게 되면 파산하여 엄청난 불이익을 받는다. 그러나 재정 적자나 국가 채무는 정부 관료나 정치인들이 당장의 선거에서 표를 얻기 위해, 정책 실패에 대한 책임을 회피하기 위해 남발하고도 아무런 책임을 지지 않는다.

자신들의 사리사욕을 위해 장·단기적 정책에 대한 올바른 이해도 없이 정책 실패를 반복하고, 그로 인해 시장 실패나 혼란이 발생하면 또다시 마구잡이로 재정을 동원하여 경기 부양책이네, 금융시장 안정이네 하면서 떠들어대고 있는 것이다. 이 때문에 국가 채무가 줄어들지 않고 급증하는 악순환이 되풀이된다. 또 그들이 저질러놓은 국가 채무는 미래 자식 세대가 그 책임을 모두 뒤집어쓰게 된다.

미국의 오바마 행정부는 이런 문제점을 인식한 듯 보인다. 자식 세대에게 부담을 전가하지 않기 위해 대규모 재정 적자 부양책을 쓰면서도, 한편에선 과감한 세제 개혁을 진행하라고 요구하고 있다. 물론 오바마 행정부가 미 국민들의 기대처럼 공평한 세제 개혁을 통해 재정 개혁을 이룰 수 있을지는 두고 볼 일이다.

다만 우리는 이 같은 개혁을 아직까지 볼 수가 없다는 점이 너무 안타까울 뿐이다.

암환자를 진단한 의사는 비관론자?

'경제 비관론'이라는
딱지 붙이기에 대하여

연구소에 있다 보니, 언론과의 접촉은 필연적인 것 같다. 물론 국내외 언론에서 연구소가 내놓은 경제 현상 분석과 전망에 깊은 관심을 가져주는 것은 환영할 만한 일이다. 그러나 이 역시 우리 연구소의 입장과 내용을 왜곡 없이, 사실 그대로 전달할 경우에만 해당한다.

최근에 국내 보수 성향 신문에 속한 경제 주간지 기자와 인터뷰를 한 적이 있다. 인터뷰 말미에 해당 기자가 나에게 한국 경제에 관해 비관하는지 물었다. 그냥 웃어넘겼다. 그리고 지난 10여

년 동안 정부와 정치권의 무능과 무지에 의한 정책 실패로 경제위기가 반복되고 있다는 점을 재차 강조했다. 이는 어떤 정부가 들어서든 그동안 꾸준히 비판해왔던 것이었다.

2008년 글로벌 금융위기 이후 연구소에서 내놓은 각종 경제 전망과 분석을 두고, 일부 언론 매체 등과 인터넷에서 연구소를 비관론자로 매도하는 경우가 있었다. 그리 많지는 않지만 숫자의 많고 적음에 관계없이 악의를 품고 있다는 생각을 지울 수 없다.

흔히 사람들이 비관론적이라고 할 때에는 보통 2가지 경우로 나누어볼 수 있다. 하나는 현실 자체가 비관적인 상황으로, 그것을 정확하게 파악해 비관적인 상황을 있는 그대로 전달하는 경우다.

예컨대 의사가 중병에 걸린 환자를 치료해도 회생할 가망이 없을 경우 비관적이라고 말하는 경우가 그것이다. 이 경우 의사는 의학적 전문 식견에 따라 여러 가지 병증과 치료법을 검토한 후 최종적으로 회생 가망성이 없다는 비관적인 진단을 내리게 된다. 그리고 환자 가족이나 친지들은 그 의사를 얼마나 신뢰하느냐에 따라 그 진단을 받아들인다. 즉, 그 의사의 전문성과 지금까지의 신뢰와 명성을 기준으로 의사의 판단을 받아들이게 되는 것이다.

우리 연구소가 비관론자로 보인다면 바로 이 경우에 해당할 것이다. 적어도 공개적으로 의학적 전문성과 임상적 역량을 검증받은 명성 있는 의사라면, 과학적, 논리적 근거에 따라 환자 가족들에게 현재 상황을 객관적으로 말해줄 것이다. 그런데 환자 가족들이 그 의사가 비관적으로 말했다고 해서 그를 비관론자로 몰아버린다면 어떻게 되겠는가? 비관론자로 몬다는 것은 그 의사가 오진했을 것이라는 환자 가족들의 주관적 의심을 전제로 하고 있다.

결국 오진이라는 주관적인 의심을 떨쳐버리지 못하는 한, 환자 가족은 그 의사를 떠나서 다른 병원으로 환자를 데려갈 것이다. 의학적 식견으로는 소생 가능성이 없는데도 돈에 눈이 멀어 소생 가능성이 있다고 말해주는 의사나 기적을 행할 수 있다고 말하는 곳으로 가는 수밖에 없다.

물론 나중에 환자가 죽어도, 새롭게 옮긴 병원의 의사나 기적을 말하는 사람에게 책임을 물을 수는 없다. 명백한 오진과 치료 잘못을 입증해내지 않는 한 그저 최선을 다했다는데, 그리고 열심히 기도했으나 환자와 가족들의 믿음이 부족하여 어쩔 수 없었다는데 어찌하겠는가? 그렇기 때문에 중병 환자들이 가능한 한 신뢰할 수 있고 공개적으로 검증되어 있는 명성 있는 전문 의사들을 찾아가는 것이다. 확률적으로 치유될 가능성이 가장 높기 때문이다.

또 하나는 앞서 말한 것과 달리 논리적 또는 과학적 근거 없이 그저 개인의 주관적인 믿음이나 실현 가능성이 극히 희박하고 막연한 생각을 부풀려서 비관론을 주장하는 경우가 있다.

예컨대 종말론을 주장하는 사람들은 개인의 주관적인 신앙에 입각해 세상의 종말을 믿는 사람들이다. 이들은 현실적 사실이나 논리적, 과학적 근거 없이 막무가내로 종말이 다가온다고 주장한다. 이런 주장을 하는 사람들은 작금의 한국 사회에 확산되고 있는 정신병리학적 문제가 심각한 사람들이다.

그런가 하면 혜성이나 소행성이 곧 지구에 충돌할 것이며, 지구가 멸망하게 될 것이니 모든 것을 포기하라고 말하는 사람들도 있다. 이 경우는 과학적 요소를 동원하고 있어 정신병리학적 신념을 가진 사람들의 비관론과는 다소 달라 보인다. 그러나 근본적으로는 정신병리학적 비관론자들과 별반 차이가 없다. 지구가 멸망한다는 결론을 먼저 내리고 있기 때문이다. 이들은 과학적 냄새가 가미된 극히 단편적이고 잘못된 상식들로 자신들의 지구 멸망 비관론을 포장한다.

태양계가 탄생한 이래 45억 년이라는 긴 시간 동안 혜성이나 소행성과 충돌할 가능성은 과학적으로 충분히 있었다. 그러나 지난 세월 속에서 발생한 지구 충돌의 확률적 분포의 특성을 생각하면 지금 당장이라든지, 수년 안에 충돌이 일어날 것이라든지 하는 주장은 전혀 설득력이 없다. 그러니 자가당착에 빠진 사람들이라고 봐야 할 것이다.

뿐만 아니라 혜성 충돌로 지구가 멸망할 것이므로 종말에 대비해야 한다는 이야기는 쓸데없는 말장난에 불과하다. 내일 혜성 충돌로 지구가 멸망한다 한들 인간으로서는 어찌할 수 없는 문제인데, 머리 싸매고 고민해봤자 무슨 소용이 있겠는가?

176

쓸데없는 이야기로 고민할 시간이 있으면 차라리 죽을 때까지 어떻게 하면 열심히 사람답게 열심히 살 수 있는지를 고민하는 것이 바람직할 것이다. 내일 지구가 멸망한다고 해도 한 그루의 사과나무를 심겠다는 식으로 말이다. 그렇지 않은 사람들은 생명의 진화와 인간의 삶 그리고 인류 역사가 어떻게 발전해왔는지에 대한 기본적인 인식 자체가 없는 셈이다.

나아가 그런 문제는 천체물리학자와 같은 전문 과학자들이 훨씬 더 체계적으로 연구하고 있다. 그들을 믿으면 된다. 제대로 된 과학적 식견도 없는 사람들이 지구 멸망 운운한다 한들 혼란만 가중될 뿐 도움이 되지 않는다. 이런 식의 지구 멸망 비관론을 주장하는 사람들은 대부분 사적인 의도가 있다.

다시 연구소 문제로 돌아오자. 일부 언론들이 우리 연구소를 비관론자라고 칭하는 것은 악의적인 의도가 있다고 볼 수 있다. 앞서 말했듯이 우리 연구소는 공개적으로 전문성과 도덕성을 검증받아왔다. 그러므로 신뢰할 수 있는 전문 의사라고 감히 말할 수 있다.

또 지금껏 경제학적 이론에 대한 올바른 이해를 바탕으로, 현실 경제가 어떤 상황에 처해 있는지를 객관적으로 분석해왔다. 또 어떤 문제에 대해선 어디서부터 어떻게, 누구에 의해 시작됐는지, 올바른 해결 방안은 무엇이며, 문제 해결을 위해 각자가 어떻게 해야 하는지를 제시하고 실천해왔다.

정확한 지식과 시장경제 정의에 입각해서 경제위기의 위험을 국민들에게 경고해온 것이다. 또 우리 연구소가 그동안 경고해온 문제들이 대부분 현실로 입증되고 있지 않은가 말이다. 그런데도 정치권과 일부 엉터리 언론 등에서 우리 연구소를 비관론자라고 몰아붙이는 것은 적반하장도 유분수다.

이들은 자신들의 사기 행각을 감추기 위해 우리 연구소와 같이 정직하고 정의로운 전문 기관을 비관론자로 매도하고 있는 것이다. 이런 정상 政商 모리배들에게 지금까지 당했으면서도 여전히 그런 선동에 속아 넘어가는 사람들이 적지 않다는 사실이 그저 안타까울 뿐이다.

다시 말하지만, 우리 연구소는 결코 비관론자가 아니다. 한국 사회의 미래를 위해, 민주주의 시장경제의 발전을 위해 시대착오적이며, 무지하고, 부도덕한 구시대 기득권 체제를 과감히 타파하자고 말할 뿐이다. 자식 세대에 대한 꿈과 희망을 갖고 실천에 매진하고 있는 것이야말로 우리 연구소가 현실적이며 합리적인 낙관론자라는 사실을 반증하고 있지 않은가?

인터뷰, 그 중독성과 맹점을 경계하면서

언 론 의 덫 에 빠 진 경 제 '전 문 가'들

몇 해 전 일이다. 한 공중파 방송사의 라디오 프로그램 제작진으로
부터 진행을 맡아달라는 요청을 받았다. 그 방송사의 대표적인 경
제 시사 프로그램이었던 것으로 기억한다. 처음엔 정중히 거절했
다. 우리 연구소는 전문 컨설팅 기관이지, 일반 대중을 상대로 하
는 저널리즘을 추구하는 언론 기관이 아니기 때문이었다.

　　게다가 프로그램이 경제 현안에 대해 전문 기관의 전문적인
견해를 필요로 하는 것도 아니었다. 따라서 굳이 우리 연구소가 진
행을 볼 필요가 없다고 생각했다. 그런데 방송사 제작진의 출연 요

청은 끈질겼다. 결국 몇 가지 단서를 달고 방송을 맡았다.

사실 방송 출연 요청은 과거에도 국내 공중파 3사를 비롯해 케이블 전문 채널 등 다수의 방송 매체에서 있었다. 특히 최근 몇 년 새 경제 상황이 더 급박하게 돌아가면서, 신문과 방송 등 많은 언론 매체들이 우리 연구소에 인터뷰나 방송 출연을 요청하는 경우가 크게 늘었다. 물론 대부분 정중히 사절한다.

그렇다고 연구소가 언론에 노출되는 것을 꺼리거나 피하는 것은 아니다. 언론의 취재에 적극 응하지 않는 것은 대다수 언론을 신뢰할 수 없기 때문이다. 이미 국내 다수 언론에 대한 국민들의 신뢰도가 그리 높지 않다는 것은 어제오늘의 이야기가 아니다.

다만 언론 매체와 연구소 사이에 신뢰가 형성된 경우에는 인터뷰나 취재에 적극적으로 임한다. 언론 입장에서도 신뢰를 쌓은 취재원으로부터 올바른 정보와 정확한 사실을 듣고 국민에게 제대로 전달하는 것이 매체 신뢰도를 높일 수 있는 길이라고 생각한다. 우리 연구소에서도 원하는 바다.

물론 방송이나 신문, 잡지 등에 출연하거나 인터뷰를 하면 일반 대중들에게 홍보가 된다는 점은 잘 알고 있다. 또 주위 사람들도 연구소가 홍보되면 프로젝트 수주나 회원 가입이 늘어날 것이라고 말한다. 이런 이야기는 연구소 설립 때부터 귀가 아프도록 들어왔다.

홍보만으로 연구소의 연구 역량이 강화된다면 백번이라도

그렇게 할 것이다. 홍보되는 것으로 치면 정부 출연 연구기관이나 재벌계 연구소들은 매일 홍보되다시피 하고 있다. 이처럼 매일 언론 매체에 홍보되는데 이들 연구소들의 연구 역량은 그만큼 늘어났을까? 결코 그렇지 않다는 데 대부분의 사람들이 동의할 것이다.

홍보하는 것은 쉬울지 모른다. 경우에 따라서는 쉽기도 하다. 그러나 우리 연구소는 홍보의 중독성과 맹점을 경계하고 있다. 언론 매체에 노출되어 홍보가 되면 '스타' 또는 '전문가' 라는 착각에 빠지기 쉽다. 모든 것을 다 알고 있는 것처럼 착각하기 쉽다는 말이다.

실제로 상당수 사람들이 언론 매체에 노출된 후 스스로 '스타' 나 '전문가' 라는 착각에 빠진다. 그러한 과오를 범하게 되는 순간 그 사람은 더 이상 '스타' 이거나 '전문가' 가 아니게 된다. 언론 매체에 더욱더 자신을 홍보하는 데 매달리게 되어 '스타' 로서의 자질 향상이나 '전문가' 로서의 역량 강화에 노력을 기울이지 않게 되기 때문이다.

일단 언론 매체에 노출되면 단기간에 경쟁적으로 여러 매체에서 취재를 온다. 그러면 한두 번 또는 한두 가지 주제에 대해서는 그런대로 정리된 인터뷰를 할 수 있을지 모르지만 그 이상은 불가능하게 된다. 대부분의 경우 한두 번 인터뷰하거나 출연하고 나면 밑천이 바닥나기 때문이다. 매번 똑같은 이야기를 반복해서 말할 수 없다는 말이다. 그렇게 되면 그럴듯한 거짓말을 하지 않을 수 없게 된다. 더 이상 '스타'가 아닌데 스타인 양, 더 이상 '전문가'가 아닌데 전문가인 양 거짓말을 하기 시작한다.

그렇다고 우리 언론이 스타성이나 전문성을 검증할 수 있는 역량이 뛰어난가에 대해선 정말 의심스럽다. 오히려 현실적으로는 기자나 제작진의 취재 의도에 맞추어 장식할 수 있는 간판이나 이름이 필요할 뿐이다. 굳이 그 사람의 전문성이나 스타성을 필요로 하지도 않는다.

그런 탓에 언론에는 여기저기 그럴듯한 거짓이나 엉터리로 꾸며대는 '스타'와 '전문가'들이 넘쳐나고 있다. 바로 이 점이 언론의 신뢰도를 떨어뜨리는 주된 원인 중의 하나라는 점을 언론인들도 잘 알고 있을 것이다.

우리 연구소는 한 가지 견해를 발표하기 위해서는 연구에 연구를 거듭하며 고민한다. 우리 연구소는 10명 정도의 조그만 연구소에 불과하다. 이런 조그만 연구소가 언론 매체의 홍보에 중독된다면 뒷감당을 할 수 없다. 그때에는 연구소 문을 닫아야 할지도 모른다. 우리 연구소 역시 연구해야 할 시간에 연구는 하지 못한 채 언론 매체의 홍보 효과에만 빠져 '스타'인 체하고 '전문가'인 체하는 그럴듯한 거짓말쟁이가 되어 있을 것이기 때문이다.

마지막으로 언론에 당부하고 싶은 말이 있다. 현재의 한국 언론은 공급자 위주의 일방적 전달 방식에서 독자와 시청자 등 언론 수요자 중심으로 바뀌지 않으면 안 되는 상황에 직면해 있다.

한국 언론이 스스로 전문적 역량을 키우지 못하는 한 올바른 여론 형성이 불가능한 것은 말할 것도 없고, 거짓과 엉터리 '스타'나 '전문가'를 걸러내지 못하게 된다.

이런 거짓이나 엉터리 스타나 전문가들을 언론 매체가 제대로 걸러내지 못한 결과로 지금까지 많은 사회적 갈등이 빚어졌다고 해도 과언이 아니다. 그로 인한 사회적 비용도 막대했다. 이제는 모든 방송과 신문, 잡지 등의 언론 매체들이 환골탈태하지 않으면 안 된다. 일반 언론 수요자의 전문적 지식은 날로 향상되는데, 언론과 기자들은 이를 따라가지 못하고 있다. 언론인들의 통렬한 반성과 역량 강화를 위한 분골쇄신의 노력이 필요하다.

다음 세대를 위한 새판 짜기

3

한국에서 MS와
구글이 나올 수 없는 이유

벤처 기업이 커야 한국 경제가 큰다

얼마 전 신문지상에 국내 굴지의 대기업과 중소기업 간의 상생 협약을 체결하는 사진이 크게 실려 있는 것을 봤다. 대기업과 중소기업이 인력과 기술 면에서 협력하며 공동 발전을 꾀한다는 것이다. 물론 이 자체를 굳이 폄훼하거나 나쁘게 볼 이유는 없다. 정말 잘되기를 기대한다.

　　그런데 과연 현실이 그런가 말이다. 이 같은 '대·중소기업 상생 협약' 같은 보여주기식 쇼(?)는 지난 10여 년간 계속된 레퍼토리였다. 국내 재벌과 중소 벤처 기업이 서로 상생하기 어려운 것은 산업 구조가 크게 잘못돼 있기 때문이다.

알다시피 한국의 재벌들은 일제 시대에 약탈적 상업 자본 형태로 출발했다. 이어 1970~1980년대 군사 독재 정권 시절에는 정경관政經官 유착과 관치 금융을 바탕으로 돈을 빌려다 쓰는 차입 경영 방식의 성장을 해왔다. 앞서 이야기했지만, 한국 경제는 자본 집약적 성장에서 1990년대부터 기술 집약적 성장으로 진입했다.

기술 집약적 시대에는 재벌 중심의 지배 구조에서 기술 벤처 중심의 산업 구조로 환골탈태하는 기반 작업이 필요했다. 그러나 정부는 이 같은 변화를 제대로 인식하지 못했다. 오히려 재벌에 무차별적인 차입 경영과 순환출자에 의한 기업 확장을 허용했다.

오로지 몸집 불리기에 급급한 재벌들의 취약성은 외환위기를 겪으면서 그 실체가 그대로 드러났다. 기술적 뿌리가 취약한 탓에 상위 재벌들은 말할 것도 없고, 10~60위권의 중견 재벌 그룹 대부분이 무차별적으로 무너져 내렸다. 한국 경제가 산업 구조적인 측면에서 얼마나 허약했는지를 단적으로 보여준 셈이다.

잠시 눈을 돌려 미국이나 일본을 보자. 미국의 나스닥시장에는 온갖 기술 벤처 기업들로 넘쳐나고 있다. 인텔이나 마이크로소프트, 애플, 시스코시스템, 지넨텍, 구글, 퀄컴, 오라클 등과 같은 기술 벤처 기업들은 이미 글로벌 기업으로 성장했다. 또 미국의 '실리콘밸리'에선 끊임없이 신생 기업들이 사라나 세세적인 기입으로 발돋움하고 있다. 서브프라임론 사태 이후로 미국 경제가 극심한 경제위기를 겪고 있는데도 경제의 역동성은 여전히 건재하다고 할 수 있는 이유이기도 하다.

이에 비해, 일본은 미국처럼 글로벌 기업으로 성장한 기술 벤처 기업들이 많지는 않다. 1947년에 창립한 소니가 대표적인 경우라고 할 수 있다. 그러나 세계 2차대전 후 맥아더 미 군정에 의해 재벌 해체가 이뤄진 이후 일본의 중소 및 중견 기업들의 기술력은 세계 최고 수준을 자랑하고 있다고 해도 과언이 아니다.

일본은 중소 규모의 기술 벤처 기업층이 매우 두텁고, 상위 대기업과의 유기적 공생 구조를 형성하고 있다. 지난 1990년대 장기 불황의 어려움 속에서도 산업 기반이 붕괴되지 않고 대체로 안정적인 고용을 유지하면서 버틸 수 있었던 것도 이 때문이었다.

반면 한국은 지난 외환위기를 겪으면서 중견 재벌 기업들이 사실상 사라졌다. 위기에도 굳건히 버틸 수 있는 한국 경제의 중간 허리 역할을 해주는 기술 벤처형 기업들이 아니었기 때문이다.

외환위기 이후 10년이 넘게 지났지만, 여전히 산업의 중간 허리 부분이 취약하다 보니 역동적으로 새로운 일자리를 만들어내지 못하고 있는 실정이다. 오히려 상위 재벌 그룹으로 경제력이 집중되면서 기업 간 빈익빈부익부 현상이 가속화되고 있다.

게다가 기술 개발에 들어가는 국책 사업 지원도 대부분 상위 재벌 그룹에 집중됐다. 이 때문에 기술 벤처 기업 기반을 구축하고, 이로부터 글로벌 기업이 나올 수 있는 산업 구조 자체가 형성되지 못했다. 아예 처음부터 상위 재벌 기업이 기술 개발의 모든 부분을 독점하다시피 하다 보니, 밑바닥에서부터 새로운 벤처 기업들이 올라오는 것 자체가 불가능한 구조가 된 것이다.

그뿐만 아니라, 성장 가능성이 있는 중소 기술 벤처 기업들도 수단과 방법을 가리지 않고 기술을 독점하려는 재벌의 방해를 넘지 못하고 먹히고 마는 구조가 되었다.

결국 한국에서는 기술 벤처 기업이 재벌 하청 기업으로서만 존재할 수 있을 뿐 독자적으로 존립할 수 없게 됐다. 세계를 상대로 경쟁하고 역동적으로 커갈 수 있는 기술 벤처가 성장할 수 있는 산업 구조가 아닌 것이다.

이런 구조에서는 산업의 중간 허리를 절대 키울 수 없다. 산업의 중간 허리가 튼튼하지 않으면 제조업이든 서비스업이든 절대로 일자리를 양산해낼 수 없다. 대덕과학연구단지를 만든 지 30년이 지났지만 이곳에서 제대로 된 기술 벤처 기업이 과연 얼마나 나왔는지 생각해보라. 최상위 승자독식의 산업 구조로는 절대로 지속 가능한 성장을 할 수 없다는 말이다.

따라서 우리 경제의 성장 잠재력을 키우려면 재벌의 지배 구조 개선이 무엇보다 절실한 과제다. 그래야 벤처적인 기업가 정신이 살아나고 경제 환경 변화에 맞는 새로운 일자리가 창출되며 일해서 먹고사는 경제를 만들 수 있다.

그런데 예전 참여정부나 이명박 정부의 모습을 보면 참으로 안타깝기 그지없다. 오히려 재벌 그룹들의 잘못된 지배 구조를 옹호해주는 것이 경제 살리기이며 친기업 정책이라고 착각했다. 그래서 재벌 오너들은 극히 적은 지분으로도 여전히 21세기 글로벌화된 세계 경제 속에서 제왕과 같은 지배력을 행사한다.

한발 더 나아가 재벌들은 기술 중심의 모험적 정신을 추구하기보다는 제조업을 떠나 금융 산업에 진입하려고 혈안이 되었다. 이미 은행을 제외한 제2금융권의 경우 재벌 기업들이 시장을 좌지우지하고 있는 실정이다.

제조업은 중국에 밀려 더 이상 안 되니 금융과 부동산 등 서비스업을 키워야 한다고 정부는 말한다. 특히 금융업을 발전시켜야 하며, 이를 위해 금산분리 원칙을 폐지하고 재벌 그룹들에게 시장을 열어야 한다고 주장하고 있다.

좀 더 정확히 말하면, 재벌 그룹의 오너에게 은행을 넘겨야 한다는 말이다. 그 이유인즉슨 금융업이 발전하지 못한 것은 주인이 없기 때문이다. 주인이 있다는 재벌 그룹의 제조업은 중국에 밀려서 더 이상 안 된다면서, 금융업을 일으키기 위해 재벌 그룹이 주인이 돼야 한다는 것은 도대체 무슨 이야기인가? 한국의 대통령과 정부 관료 그리고 정치권은 이처럼 앞뒤가 맞지 않는 무지한 이야기를 서슴없이 내뱉고 있다.

부동산업의 육성도 마찬가지다. 물론 부동산업은 중요하다. 외환위기 이후 정부는 정권의 변화에 상관없이 부동산 투기 경제를 조장하기 위해 온갖 기만적인 개발 정책을 남발해왔다. 기술 벤처 기업군이라는 중간 허리가 없는 산업 구조를 구축해놓고 기술 벤처에 투자하는 데는 인색하면서, 100층, 200층짜리 빌딩 짓는 일이 더 중요하고 뉴타운 사업을 곳곳에 질러대는 것이 더 중요하다는 말이다.

100년 앞을 내다보는 도시계획은 고사하고 부동산 투기를 부추기며 초고층 빌딩과 뉴타운 사업만 곳곳에 벌이는 경제가 과연 지속 가능한 성장을 할 수 있겠는가? 성장 잠재력을 높이기 위한 정책의 우선순위와 수요 공급의 기본 원리를 완전히 무시하는 정책은 반드시 그 대가를 치를 수밖에 없다.

이처럼 한국 경제는 세계 2차대전 전의 제국주의 일본의 재벌 구조를 21세기에도 여전히 그대로 답습하고 있다. 그래서 지난 60년간 한국의 대학에서 이공계 출신들이 그렇게 많이 배출되었는데도 기업가 정신을 바탕으로 한 새싹이 나오지 못하고 있는 것이다. 자본주의 경제의 모험과 도전의 역동성이 뿌리째 뽑혀버린 것이다.

될성부른 벤처 기업들은 재벌들의 벽을 뛰어넘을 수가 없다. 제왕적인 재벌 오너와 그를 옹호하는 정경관언 그리고 사법의 특권 세력들이 서로 유착되어 국민들을 머슴으로 알고 국민들 위에 초법적으로 군림하려는 나라에서는 절대로 기술 벤처가 뿌리내릴 수 없다.

새로운 부의 이동

21세기형 경제 발전의 요체

G20 정상회담이 2010년 한국에서 열린다고 한다. 미국을 비롯해 전 세계 주요 국가 정상들이 우리나라에 모여 금융위기 극복과 향후 세계 경제 발전 방향을 모색하는 것은 뜻 깊은 일이다. 이명박 정부는 이를 두고 '국운 상승의 기운이 넘친다' 느니, '나라의 품격을 높이는 계기' 라느니 하며 떠들썩하다.

그동안 영국과 미국 등에서 열린 G20 회의 내용을 보면, 재정 확대를 통한 경기 부양을 비롯해 금융시장 안정을 위한 조치, 금융 정책 지원의 중요성, 신흥 경제국과 개도국의 자금 조달 지원

등이 포함돼 있다. 이 밖에 금융시장 개혁을 위한 투명성과 건전한 감독 규제의 강화, 국제금융기관의 개혁 등이 제시됐다.

그런데 G20 회의를 보면 여러 가지 면에서 아쉬움이 남는다. G20에서는 이번 금융위기와 불황이 단순히 잘못된 금융 규제 완화로 인한 세계 경제 순환 사이클의 한 과정에서 발생한 것이라고 보는 듯하다. 물론 일정 부분은 그럴 수도 있다고 본다.

그러나 이번 위기는 어찌 보면 20세기형 세계 경제 성장 패러다임의 붕괴를 의미하는 것으로 볼 수 있다. 20세기 산업 자본주의 경제 성장 패러다임이 21세기형의 새로운 경제 성장 패러다임으로 바뀌어가는 과정에서 발생한 혼란으로 보는 편이 더 설득력이 있을 것이다.

결국 이번 경제위기는 21세기에 들어서면서 성장 패러다임이 변하고 있는데도 세계 경제가 20세기형 성장 패러다임을 고수한 결과와 모순이 누적되어 폭발한 것으로 봐야 한다.

문제는 현재 세계 각국에서 쏟아지는 위기 대책의 상당수가 이번 위기를 넘기고 보자는 식의 20세기형 정책이라는 점이다. 시대착오적이고 무책임한 대책이라는 생각이 든다. 이것으로는 오히려 위기를 장기화시킬 뿐이다. 물론 환경을 의제로 삼고, 상대적 빈부 격차를 해소하려는 움직임이 나타나는 등 21세기형 대책이 일부 보이긴 하지만 이것만으로는 크게 부족하다.

그렇다면 21세기형 세계 경제 성장 패러다임은 무엇일까?

21세기 경제 성장 패러다임의 기반에는 크게 정보통신IT 혁명과 환경에 대한 인식의 전환, 그리고 국가 간 경제력 격차의 축소 등이 있다.

우선 정보통신 기술 혁명은 실시간으로 세계 경제에 대한 정보와 지식을 서로 공유할 수 있도록 해주었다. 인터넷 블로그나 유튜브 동영상 등을 통하여 세계 각국의 상황이나 주요 논제들이 실시간으로 공유되고 토론되는 것이 그 대표적인 예다.

이처럼 실시간 정보와 지식의 공유는 진실과 정의 그리고 상호이해의 전파라는 면에서 세계적 차원의 민주주의 확산에 새로운 전기를 마련하고 있다. 국내 문제뿐만 아니라 국제 문제에 있어서도 각국의 이해관계를 반영한 여론 또는 전 지구적 차원의 여론이 형성되어 글로벌 정치 경제에 영향을 미치고 있다. 그로 인해 국제 질서에도 많은 변화가 일어나고 있다.

예를 들면 테러 행위도 전 세계 사람들에게 올바른 정보가 전달되고 그를 바탕으로 무엇이 진실이며 정의인지에 대한 여론이 확산되면 얼마든지 제압될 수 있다. 그러나 부시 행정부는 이 같은 시대사적 변화를 무시한 채 20세기 냉전 이데올로기에 빠진 네오콘들의 일방주의 노선을 밀어붙여 전쟁으로 문제를 해결하려 했다.

부시 행정부는 심지어 정보 조작 등을 통해 진실과 정의를 왜곡하려 했다. 그 결과 미 국민들로부터 강력한 반발을 샀을 뿐만 아니라 오히려 미국과 전통적인 동맹국 사이에 국제적 긴장과 갈등이 고조되었다는 점은 이미 잘 알려진 사실이다.

뒤늦게나마 오바마 행정부가 국제 협력 노선으로 전환하겠다고 표방한 것은 21세기 세계 경제 성장 패러다임의 변화를 올바로 인식했다는 점에서 다행스러운 일이다. 우리 연구소가 부시를 반대하고 오바마를 지지한 것은 오바마 행정부가 진보 세력이기 때문이 아니라 시대사적인 패러다임의 변화를 올바르게 이해하고 있다고 생각했기 때문이다.

두 번째로, 환경에 대한 인식의 대전환이다. 환경 문제는 지난 20세기 산업 자본주의 시대에 경제와는 별개로 인식되면서, 피동적이고 소극적인 의미에서 돈이 많이 드는 보호의 대상이자 비용 정도로 인식되었다. 그러나 산업이 발달할수록 지구온난화와 환경 파괴가 가속화됐고, 이 문제는 한계에 도달했다.

그 결과 21세기에는 환경과 경제는 더 이상 별개가 아닌 하나라는 인식이 형성되기 시작했고, 새로운 비즈니스 영역으로 확산되고 있다. 신재생 에너지 개발을 비롯해 친환경 자동차 등이 향후 21세기 성장 동력으로 인식되면서 각국에서 이 부문에 적극적으로 뛰어들고 있는 실정이다.

예를 들어 친환경 자동차에 들어가는 연료전지 개발의 경우 21세기형 친환경 신재생 에너지 사업의 대표주자로 꼽힌다. 이 분야에선 일본 업체들의 행보가 두드러지는데, 닛신보日清紡라는 업

196

체는 연료전지 촉매제로 백금 대신에 탄소 합금을 개발하는 데 성공해서 빠르면 2010년부터 생산에 들어간다고 한다.

그동안 연료전지 자동차 개발의 최대 난관은 값비싼 백금 촉매제를 대신하는 저렴한 촉매제를 개발하는 것이었다. 닛신보가 개발한 탄소 합금 촉매제는 성능이 백금과 비슷하지만, 비용은 백금의 6분의 1 수준에 불과하다. 그만큼 연료전지 자동차에 들어가는 비용은 줄고, 차량 가격은 낮아질 것이다.

셋째로, 21세기에는 국가 간 경제력 격차도 줄어들어, 빠른 속도로 세계 각국 간 경제력의 평준화가 진행될 것이다.

20세기 산업 자본주의 시절에는 선진국과 후진국 간의 경제력 격차가 컸다. 그러나 21세기에는 지식과 정보의 신속한 공유로 경제력의 격차가 급격히 줄어들 것이다. 각국 간 경제력 격차의 감소는 20세기 냉전 시대의 미소 양극 체제와 냉전 후 미국 1극 시대가 끝나고 새로운 세계 질서가 태동할 것임을 예고하고 있다.

20세기 산업 자본 시대를 지배해온 달러 중심의 기축통화 체제가 이번 금융위기를 계기로 크게 흔들리고 있다는 사실이 그 예다. 또 BRICs(브라질, 러시아, 인도, 중국)의 급성장이나 과거 G7에서 이번 G20 회담으로 확대된 것 등을 보면 그렇다.

각국 간 경제력 격차가 해소됨에 따라 21세기형 경제 성장 패러다임은 모든 사람들이 더불어 살 수 있는 공평하고 공정한 사회, 양극화가 해소되는 사회를 전 지구적으로 실현하는 방향으로 나아갈 것이다.

또 20세기에 절대적 빈곤의 해소가 문제였다면, 21세기에는 상대적 빈곤을 해소하고 삶의 질을 향상시키는 것이 과제라고 할 수 있다. 20세기 절대적 빈곤은 개인의 무능력이나 운명으로 간주되었고, 시혜나 기부 또는 자선 단체의 구호를 통해 해결하려 했다. 그렇지만 21세기의 상대적 빈곤은 제도와 시스템 개혁 등 정책적 수단이 아니면 해결할 수 없는 문제다.

잘못된 제도나 시스템을 시행하게 되면 오히려 상대적 빈곤은 악화될 가능성이 크다. 즉, 21세기형의 새로운 계급 사회가 형성될 위험도 배제할 수 없다. 이 때문에 21세기형 세계 경제 성장 패러다임은 공동체 지향적 도덕성과 올바른 정책 능력이 가장 중요한 핵심 과제가 될 것이다.

2010년 한국에서 열리는 G20 정상회의에선 21세기형의 성장 패러다임 구축을 목표로 하는 미래지향적인 새로운 정책 대안들이 쏟아져 나오길 기대한다.

공급자 위주의 정책과
수요자 위주의 정책

경제학 교과서에는 GDP 3면 등가라는 표현이 나온다. GDP 3면 등가란 생산 면의 GDP와 분배 면의 GDP, 지출 면의 GDP가 모두 동일하다는 것이다. 즉, 전체 경제의 총생산은 같으며 그것을 바라보는 관점이 서로 다를 뿐 어느 측면에서 보든 똑같다는 것이다. 그런데 이처럼 GDP를 어떤 면에서 바라보고 어떻게 해석하느냐에 따라 경제 정책에 대한 접근 방식도 달라진다.

먼저 생산 면에서의 GDP는 각 산업과 생산 활동에서 GDP를 추계하고 바라보는 접근 방식이다. 광공업 생산이나 기업 설비 투자, 가동률, 서비스 산업 활동 지수 등이 생산 면의 GDP와 연관된 주요 경제 지표다. 그런데 생산의 주체는 기업이며 기업은 공급의 주체이므로, 생산 면에서의 GDP는 곧 기업 또는 공급 면에서의 접근 방식이라고 할 수 있다. 따라서 생산 면에서의 GDP를 기반으로 경제 정책을 수립한다는 것은 곧 기업 내지는 공급 위주로 정책을 수립한다는 의미다. 예컨대 레이건 정부 시절의 공급 경제학이 그 대표적인 예다.

사실 생산 면에서의 GDP는 오랫동안 세계 각국에서 거시 경제 정책의 주류를 이루어왔다. 이러한 공급 중심 또는 기업 중심의 경제 정책에는 기업에 대한 감세 정책이나 사회 간접자본 투자, 기업 자금 확대, 기업 대출 금리 인하 등의 정책 수단이 있다. 이들 정책 수단들은 모두 전체 경제의 생산 능력 내지는 공급 능력을 확대시키는 것으로 해석된다. 예컨대 기업 투자 자금에 대한 세금 공제는 기업의 투자를 촉진하며, 도로, 항만, 철도 등 사회 간접자본에 대한 공공 투자 역시 물류 개선 등을 통해 공급 능력을 향상시킨다.

그런데 기업 투자 증대나 공공 투자 확대로 어떻게 GDP가 성장하는가? 그 원리는 간단하다. 기업이 공장을 건설하거나 영업점을 늘리는 식으로 투자를 늘리면 고용도 늘어난다. 고용이 늘어나면 가계 임소득이 늘어나고, 가계의 임소득이 늘어나면 소비가 늘어난다. 소비가 늘어나면 기업의 매출과 이익이 늘어나, 처음에 기업이 한 투자에 대한 수익이 확보된다는 것이다. 이러한 도식의 최초 출발점은 기업의 투자다. 즉, 기업의 투자에서부터 모든 것이 시작된다. 그런데 중요한 점은 이것이 모든 경우에 무조건 통하는 도식이 아니라는 사실이다. 이러한 도식이 현실적으로 적용 가능할 때에만 기업 위주 내지는 공급 위주의 경제 정책이 유효하다.

이미 아는 바와 같이, 미국은 서브프라임론 사태를 계기로 부동산 버블이 붕괴됐다. 가계의 과다 부채와 자산 가치 급감으로 소비가 크게 위축되었다. 이처럼 소비가 급감하는 상황에서 감세 혜택을 주거나 대출 금리를 낮춰준다 한들 기업들이 투자를 늘리지는 않는다.

기업이 투자를 결정하는 가장 큰 요인은 기업가 정신이기 때문이다. 기업가 정신이란 경제를 총체적으로 파악할 수 있는 이해력이나 직관력을 바탕으로 한다. 그러므로 단기적으로는 정책 금리가 낮아 손해를 보지 않을지는 몰라도 중장기적으로는 손해를 볼 수 있다는 기업가 정신의 직관력이 작용한다. 뿐만 아니라 아무리 제로금리 정책을 시행한들 기업들이 현실적으로 당장 투자할 수 있는 투자안이 없다. 돈 되는 투자안이 있다면 기업이 그냥 있을 리는 없다. 이렇게 보면 공급 위주의 성장 논리는 기업가 정신에서 출발한다고 할 수 있다. 기업가 정신이 활발하면 기업의 투자가 늘어나고, 투자가 늘어나면 고용이 늘어난다.

경제가 글로벌화되면서 각국마다 시장 성장 단계가 달라지고 산업 경쟁력 구조도 빠르게 변화하고 있다. 그에 따라 기업들의 투자 활동도 시장 중심으로 바뀌고 있다. 중국 경제가 급성장하고 중국 기업들의 경쟁력이 빠르게 증가하면서 한국 기업들과의 격차가 크게 줄어들고 있다. 이에 수출 위주로 내수 투자를 해오던 한국의 대기업들 상당수가 중국 현지 시장의 성장과 경쟁 여건에 맞추어 수출 대신 현지 투자를 강화하고 있다. 한국 정부가 아무리 감세 혜택을 주고 금리를 낮춰준다 한들 국내 투자를 통한 중국 수출은 이미 한계에 부딪쳤다. 중국 현지에서 직접 생산하고 판매하지 않으면 경쟁력을 잃는 상황인 것이다. 이 때문에 자동차, LCD, 석유 화학 등 한국의 주력 산업들이 중국 현지 투자를 확대하고 있다.

이런 구조적 변화가 전개되는 마당에 내수 투자 확대를 전제로 하는 기업 위주 또는 공급 위주 경제 정책을 강화한들 의미가 없다. 내수 투자의 양적 확대를 강화하는 정책을 펼칠수록 시간이 지남에 따라 공급 과잉에 직면하여 끊임없는 구조 조정 압력에 시달릴 수밖에 없다. 유감스럽게도 한국의 경우 한쪽에서는 세계 경제 및 경쟁 구조 변화로 인해 공급 과잉과 구조 조정 압력에 시달리고 있는데, 다른 한쪽에서는 끊임없이 4대강 사업이니 친기업 정책이니 하는 식으로 소모적인 공급 위주의 양적 경기 부양책을 남발하고 있다.

일본은 지난 1990년대부터 최근까지 지속적으로 이런 공급 과잉 압력에 시달렸다. 최근까지도 디플레이션 압력에서 벗어나지 못하고 있는 것이 그 증거다. 물론 일본 경제의 디플레이션 압력에는 엔화 강세도 한몫하고 있다. 엔화 강세로 수입 물가 및 원자재 가격 하락과 장기 침체로 인한 내수 부진이 겹치면서 전반적으로 물가가 하락되는 것이다.

일본 자민당 정권은 1990년대 중반까지 버블 붕괴 과정에서 공급 확대 위주의 토건 경기 부양책으로 일관해왔다. 경기 대책으로는 기업 투자 촉진책과 제로금리 정책을 지속해왔다. 물론 제로금리 정책이 반드시 기업 투자 촉진만을 위한 것은 아니다. 과다 부채를 떠안고 있는 기업과 금융기관의 부실 압박을 줄이고 유동성 확대를 위한 것이라고도 할 수 있다. 그러나 부실 구조 조정과 공급 과잉을 줄이는 정책을 우선했어야 했다.

다음으로 분배 면의 GDP는 각 경제 주체들, 즉 가계(개인)와 정부의 소득 면에서 바라본 접근 방식이라고 할 수 있다. 실업과 고용, 가계 소득, 가계 부채, 가계 소비 등이 이와 관련된 주요 지표다. 분배 면의 GDP 성장 논리는 다음과 같다. 가계 소득의 원천은 임소득이다. 즉, 일해서 번 소득을 기반으로 한다. 가계가 임소득을 얻기 위해서는 일자리, 즉 고용이 전제되어야 한다. 따라서 분배 면의 GDP는 고용에서부터 출발한다. 고용이 늘어나면 가계 임소득이 늘어나고, 임소득이 늘어나면 소비가 는다. 또 소비가 늘면 기업의 매출과 이익이 늘어나고, 기업의 매출과 이익이 늘어나면 투자와 고용이 늘어나게 된다. 이런 식으로 선순환을 그리게 되면 경제가 성장하는 것이다.

분배 면의 GDP 성장을 촉진하는 경제 정책은 수요 위주의 성장을 추구하는 방식으로, 공급 위주 또는 기업 위주의 성장 정책과 대비되는 셈이다. 일자리는 기본적으로 민간 기업이 창출하지만, 민간 기업이 경제위기 등으로 투자와 고용을 유지하지 못할 경우 공공 부문에서 일자리를 창출하는 정책을 추진한다. 공공 의료·간병 서비스 사업 확대나 보육, 환경 관련 공공 일자리 또는 사회적 일자리 창출, 일자리 나누기 등이 대표적인 예다. 그런가 하면 실질 소득을 높여주는 소득세 감세 정책이나 무상 교육, 무상 급식, 아동 수당 확대, 농가 소득 보전, 최저 생활 보장 개선, 공공 임대 주택 확대, 고속도로 등 공공시설 무료 이용 제도, 소비 보조금(쿠폰, 상품권) 지급 제도 등도 수요 위주의 성장 정책이다.

공급 위주의 성장 논리와 수요 위주의 성장 논리는 거의 흡사해 보인다. 그러나 경제 문제를 인식하는 시각이나 문제 해결 접근법 등 경제 정책 면에서는 커다란 차이가 있다. 공급 위주의 정책이 양적 성장을 위한 것이라면 수요 위주의 정책은 서민 생활과 삶의 질을 향상시키는 질적 성장에 해당한다. 물론 수요 위주의 경제 정책 역시 공급 위주의 경제 정책의 경우와 마찬가지로 모든 경우에 무조건 효과가 있다고 할 수는 없다.

글로벌 금융위기 이후, 미국에서는 부동산 버블이 붕괴되고 실업이 급증하자 과다 부채와 자산 손실, 임소득 감소로 가계 소비가 급격히 위축되었다. 이에 미국 등 세계 각국들이 신차구입보조금(자동차세 감면)제도를 시행했는데, 이는 수요 위주의 정책이라고 할 수 있다. 실제로는 극심한 경영난에 처한 자국의 자동차업체를 지원하기 위한 방편이었지만, 형태적으로는 수요 촉진책인 셈이다. 실제로 2009년 2~3분기에 미국과 중국 등 세계 주요국의 경기가 반등한 결정적인 동인은 신차구입보조금제도 시행으로 신차 판매가 늘었기 때문이다. 그러나 이런 수요 촉진책은 자칫 잘못하면 부실기업의 구조 조정을 지연시켜 경기 침체를 장기화시킬 수 있다. 오바마 정부의 의료보험제도 개혁도 수요 위주의 경제 정책에 해당한다고 할 수 있다. 공적 의료보험제도를 강화하여 모든 국민이 의료보험 혜택을 누릴 수 있도록 하는 것이다.

일본의 경우 2009년 9월 총선에서 자민당이 참패하고 민주당이 압승하면서 정권이 교체되었다. 일본의 정권 교체에는 자민당과 민주당의 경제 정책 노선의 차이가 작용했다고 할 수 있다. 자민당은 버블 붕괴 이후에도 줄곧 토건 부양 내지는 공급 위주의 경제 정책을 펼쳐왔다. 이에 대해 민주당은 '생활제일주의' 경제 정책을 선거 공약으로 내세우면서 압승을 거두었다. 일본 유권자들은 1990년대 부동산 버블 붕괴 이후 지속된 공급 과잉과 구조 조정 압력 속에서 일자리와 안정적인 삶에 위협을 느꼈다. 자민당은 일자리와 서민 생활 안정을 바라는 유권자들의 요구를 충족시켜주지 못하는 정책을 폈다. 그 결과 일본 유권자들의 불만은 계속 누적되었다. 이에 민주당은 자녀 양육, 고등학교 무상 교육, 고속도로 무료화, 농가 소득 보전, 일자리 나누기 등 수요 위주의 생활제일주의 경제 정책 공약을 내세워 일본 유권자들의 표심을 사로잡았다.

공급 위주의 정책과 수요 위주의 정책은 서로 융합할 수 없는 상극이 아니며, 각각의 정책 효과도 흑과 백으로 명확히 차별화되는 것이 아니다. 그때그때의 경제 상황에 따라 공급 위주 정책과 수요 위주의 정책을 적절히 배합하는 것이 현실적이며 바람직하다. 예컨대 미국의 제로금리 정책은 기업 위주의 성장 정책이라기보다는 부실에 빠진 금융기관 구제와 유동성 해소 그리고 가계의 과다 부채 부담을 덜어주기 위한 것이라고 할 수 있다.

이처럼 경제 정책은 서로 배타적이지 않으며 효과 면에서도 다면적이다. 중요한 것은 정책을 판단하는 정책 당국의 전문적 역량과 도덕성이라고 할 수 있다. 어느 경우에 어떤 정책을 어떤 방식으로 추진하는 것이 가장 효과적인지를 올바로 판단할 수 있는 정책적 역량과 사심 없는 도덕성이 가장 중요한 것이다. 한국의 경우 지금까지 여야를 막론하고 정부 관료와 정치권이 부동산 투기 의혹에 연루되지 않은 사람이 없을 정도라는 사실은 온 국민들이 다 알고 있다. 그런 사람들에게 부동산 정책을 맡긴다는 것 자체가 어불성설이며, 고양이에게 생선을 맡긴 격이나 다름없다.

그런가 하면 이명박 정부는 정권 초기에 친기업 정부를 주장했다가 얼마 전에는 4대강 사업이라는 소모적인 공급 확대책을 밀어붙이고 있다. 그러면서 수요 위주의 정책 방향인 '친서민 정부'를 표방하고 있다. 대선 당시부터 줄곧 세종시를 원칙대로 추진한다고 해왔다가, 어느 날 갑자기 들러리 총리를 내세워 기업 도시로 바꾸어버렸다. 이 모두가 천문학적인 적자 재정이 투입되는 사업이다. 이것은 경제 정책의 내용을 논하기 이전에 정치적 도의와 신뢰의 문제다. 일의 옳고 그름을 떠나서 거짓말을 일삼는 대통령과 정부가 과연 무슨 정책을 올바로 펼칠 수 있겠는가? 도대체 현 정부는 자신들이 어느 장단에 춤을 추고 있는지 제대로 알고나 있는지 의심스럽다. 대통령이 경제적 전문 식견이 없으면 정부 관료들이라도 제정신이어야 한다. 함께 무지함으로 맞장구를 치면 나라가 거덜 나는 것은 시간문제다.

친기업과 반기업 정서

기업들이 원하는 대로 해주면
경제가 발전할까

2009년 초부터 이명박 대통령이 주재하는 비상경제대책회의가 매주 청와대 지하 벙커에서 열리고 있다. 비상한 경제 상황에 따라 위기의식을 갖고 경제 현안을 처리한다는데 지하 벙커가 됐든 100층 옥상이 됐든 장소가 그리 중요하지는 않지만, 관료와 언론들은 유독 벙커를 강조한다.

얼마 전 이 벙커 회의에 참석한 한 기업인의 소감이 한 신문에 크게 소개됐다. 대기업 소속의 이 기업인의 말로는, 중요한 정부 정책 결정 과정에서 자신들의 건의 내용이 현장에서 대통령에게 그대로 전달되고 보완된다는 것이다. 이미 이명박 정부 스스로 친기업 정부라고 천명한 마당에 그리 새삼스러운 일도 아니다. 반면에 지난 참여정부 시절 기업인들이 그렇게 외쳐댔던 '반기업 정서'라는 목소리는 온데간데없다.

사실 친기업, 반기업이라는 말은 과거 DJ 정부 때까지만 해도 찾아보기 힘든 말이었다. 물론 IMF사태 직후 외자 유치 과정에서 외국인 투자자들이 한국시장의 폐쇄성과 투자 수익에 대한 과세 등을 투자 유치의 걸림돌로 지적하는 과정에서 반기업 정서라는 말이 사용된 적은 있었다. 론스타나 뉴브리지캐피털 등 투기적 펀드들이 한국의 IMF사태 위기를 이용해 한몫 챙기기 위한 수단으로 악용했던 것이다.

그런데 이것을 재벌 그룹들이 참여정부에서 악용하기 시작했다. 사실 재벌들은 DJ정부 때에는 DJ의 카리스마와 IMF사태 위기 극복 그리고 기업 구조 조정의 진행으로 반기업 정서라는 말을 내세울 수 있는 분위기가 아니었다.

이어 지난 2004년 이건희 삼성 전 회장의 X파일 사건이 터지자, 국민들의 재벌에 대한 여론이 급속히 악화됐다. 외환위기 이후 부실 대기업 구조 조정 과정에서, 그리고 참여정부 출범 초기인 2003년 카드 사태 때 일부 재벌 총수들이 보여준 배 째라 식의 행태에 국민들의 분노가 가라앉기도 전에 또다시 사건이 터졌기 때문이다.

국민들은 X파일 사건을 친기업이나 반기업이라는 식의 이념적인 문제로 보지 않았다. 수십 년 동안 피와 눈물로 이룩해온 민주주의와 시장경제에 대한 중대한 도전이자 정의롭지 못한 행위로 보았던 것이다. 세상이 바뀌었는데도 구시대적인 정경관언 유착을 바탕으로 재벌 총수들이 반칙과 불법 및 편법적인 행위를 공공연하게 해온 것이다. 그래서 국민들이 분노한 것이다.

그런데 황당하게도, 당시 재계는 오히려 이를 국민들의 반기업 정서 때문이라며 반격했다. 똥 묻은 개가 겨 묻은 개를 나무란다더니 딱 그 꼴이었다. 재계는 참여정부가 반기업 정서를 방치하고 있어, 부당하게 재벌 그룹 총수들이 비판을 받고 있다고 몰아붙였던 것이다. X파일 사건으로 도피성 출국을 한 이건희 전 회장이 무슨 사업을 제대로 추진할 수 있겠느냐는 것이었다.

경제 단체들은 또 재벌 기업들이 마음대로 투자할 수 없다고 주장했다. 참여정부가 경기를 살리려면 친기업 정서를 촉진할 수 있는 정책을 추진해야 한다고 정부를 상대로 협박하기도 했다.

재계의 이 같은 황당한 주장은 어느 정도 먹혀들었고, 이미 재벌과의 유착으로 기득권을 형성한 고위 관료들과 사법부는 법과 원칙을 무시해버렸다. 반칙과 편법을 눈감아준 것이다. 그 대신 삼성 이건희 전 회장은 대국민 사과문을 발표하고 사재 8천억 원을 사회에 헌납하는 식으로 이를 무마했다.

그리고 참여정부는 이른바 친기업 정책을 추진하기 시작했다. 경제5단체와 YMCA 등 일부 시민단체, 산자부가 참여하는 '기업사랑협의회'라는 것을 만들고, 친기업 정서 확산을 위해 대국민 경제 교육 강화가 필요하다는 재계의 요구에 따라 경제 교육 강화를 위한 초·중·고등학교 경제 교과서 개편 작업에 들어갔다. 한심하기 짝이 없었다.

당시 우리 연구소는 반기업 정서 주장에 대해, 경제 단체 관계자들과 정부 쪽 인사들에게 친기업 정서라는 것이 도대체 무엇이냐고 물었다. 삼성전자나 현대자동차 제품만 사주고 다른 제품은 사주면 안 되는 것인지, 또 삼성전자 제품만 사준다면 LG전자는 어떻게 할 것인지 물었다. SKT는 재벌 그룹 기업이고 KT는 재벌 그룹이 아니니, KT는 이용하면 안 되고 SKT만 이용해야 하느냐고 말이다.

아니면 남녀노소를 불문하고 전 국민이 이건희 회장이나 정몽구 회장을 짝사랑하면 친기업 정서인지, 그것도 아니면 재벌 대기업들을 홍보해주고 찬양하는 것이 친기업 정서인지, 재벌 총수가 법과 질서를 무시하는 행동을 해도 못 본 척해주는 것이 친기업 정서인지 물었다.

수단과 방법을 가리지 않고 반칙과 편법으로 탈세와 경영세습을, 그것도 쥐꼬리만 한 지분으로 모든 것이 자기 것인 양 마음대로 하는 작태를 봐주는 것이 친기업 정서이며, 이들 기업에 투자한 개인 투자자들은 봉이냐고 물었다. 그럴 바에는 차라리 재벌 총수들을 황제로 추대하는 편이 낫지 않겠느냐고 말이다.

그런데 그렇게 되면 황제가 여러 명 나오게 되니 어떻게 정해야 할지 난감하다. 그래서 그런지는 몰라도 선진국에서는 찾아보기 힘든 황금주 도입 주장도 서슴지 않았다. 외국인의 적대적 기업인수합병M&A에 대한 방어 수단이라는 구실을 붙이기는 했지만 말이다.

또 재벌 그룹의 기업 지배 구조를 보면, 기업들이 주장하는 글로벌스탠더드에 심각하게 위배되는데 친기업 정서와는 어떻게 양립하는지 물었다. 자신에게 유리한 것은 글로벌스탠더드이고 불리한 일은 한국식으로 하자고 주장하는 것은 도대체 무슨 억지 논리냐고 물었다.

그리고 대한민국에서 재벌 대기업만 기업이고 대기업들에 휘둘리는 중소기업들은 기업도 아니며, 자영업을 하는 사람들은 사람도 아니냐고 물었다. 나아가 학교 졸업 후 취업 한번 못해본 실업자나 백수, 정리 해고자는 대한민국을 떠나든지 죽어야 하느냐고 물었다. 재벌 대기업에 하등에 도움이 안 되니 말이다.

차마 그 짓은 하기 어려우니 비정규직을 마구잡이로 양산해야 한다고 주장하는지 물었다. 아무도 대답하지 못했다. 모두가 위에서 시키기 때문에 어쩔 수 없이 할 뿐이라고 말했다. 어이가 없었다.

경제 교과서 논란도 마찬가지다. 이 같은 논란이 생기기 전에 우리 연구소는 초·중·고등학교 경제 교과서를 전부 수집해서 내용을 분석한 바 있다. 초·중·고 사회 과목과 경제 교과서는 지난 1997년 IMF사태 전후로 제7차 교육 과정에서 개편된 것이다. 물론 10년 가까이 지났기 때문에 데이터나 자료가 오래된 것도 적지 않았다. 또한 개편 당시 상황이 외환위기 직후라서 극심한 경기 침체와 대량 해고로 외국 자본에 대해 경계심이 대단했고, IMF사태 유발의 주요 원인 중 하나가 재벌 기업의 부실 경영이라는 인식이 팽배해 있었기 때문에 수정할 필요가 있는 부분도 있었다.

그렇다고 초·중·고등학교 경제 교과서를 내용도 불분명하고 근거도 희박한 친기업, 친재벌 찬양가로 도배할 수는 없지 않겠는가? 그러나 결국 참여정부는 전경련이 제시한 경제 교과서를 채택했다. 너무나도 충실하게 친기업적인 정부였던 것이다. 이명박 대통령과 한나라당이 노 전 대통령과 참여정부의 친기업성을 추월하려면 재벌 기업들의 반칙과 편법을 모두 눈감아주지 않고서는 불가능하지 않을까 싶다. 그래서 그런지는 몰라도 자신들의 정권을 아예 '친기업 정부'로 이름 지었는지도 모른다.

그런데 상황은 여기서 끝나지 않았다. 지난 2007년에 김용철 변호사의 양심 고백을 계기로 삼성 비자금 사건이 터진 것이다. 삼성 비자금 사건 초기에 여야 정치권과 보수 언론들이 보여준 작태는 이 나라가 정의로움을 실현하려는 민주주의 시장경제를 지향하는 나라인지 의심스러울 정도였다. 그들은 김용철 변호사를 사이코 정신병자로 몰고 갔다.

그러나 김용철 변호사의 참회와 양심 고백 내용은 대부분 사실로 확인됐다. 결국 특별 검사가 도입됐고, 이건희 전 회장 등과 경영진의 불법, 탈법적인 행위가 공개됐다. 물론 특검 수사의 한계와 이후 재판 과정에서 보여준 사법부의 이해하기 어려운 언행으로 삼성 비자금 사건은 희석되어버렸다.

삼성 사건 이후 엎친 데 덮친 격으로, 어떤 재벌 그룹 회장은 장성한 자신의 아들이 술집에서 맞고 들어온 것에 분을 참지 못하고 직접 조폭을 동원하여 사적으로 보복하기도 했다. 법과 질서가 이들에게는 얼마나 우스워 보이는지 단적으로 보여준 사례다. 이 재벌 회장도 훗날 사법당국으로부터 납득하기 힘들 만큼 관대한 처벌을 받았고, 국민들은 또다시 '유전무죄 무전유죄'라는 말을 확인했다. 재벌 총수와 관련해서 이런 상황이다 보니 국민들이 반기업 정서를 갖는 것도 무리는 아니지 않겠는가?

이념 공세를 펴고 있는 것은 오히려 과거의 기득권과 구태의연함 속에서 제멋대로 아전인수 격의 주장을 펼치는 재계다. 세상이 변했고 민주주의 시장경제의 정의로움을 구현해야 할 판에, 여전히 정경관언 유착을 기반으로 시대착오적인 친기업, 반기업의 이념 공세를 퍼붓고 있는 것이다. 이런 이념 공세에 노 전 대통령과 참여정부는 농락당했고, 이명박 대통령과 정부 여당인 한나라당은 자청해서 발 벗고 나섰다. 그 결과 현 정부에 들어서 대기업 위주의 각종 규제 완화를 비롯한 선물 보따리가 펼쳐졌고, 재벌들은 그 어느 때보다 혜택을 누리며 살고 있다.

　　재계는 더 이상 친기업, 반기업과 같은 시대착오적인 이념 공세를 해선 안 된다. 그리고 공정한 게임의 룰을 확립하고 자신들의 주장처럼 글로벌스탠더드에 따라 지배 구조를 건전하게 하고 기업 경영을 투명하게 해야 한다. 법과 질서를 지켜야 한다. 나아가 민주주의 시장경제의 정의로움을 구현하는 데 앞장서야 한다.

　　그렇게 국민들에게 모범을 보여야 한다. 재벌 기업이 경영 세습과 사세 확장을 위해 과거 독재 정권 시절에 했듯 정경관언 유착을 이용한 이념 공세와 법과 질서를 기만하는 조작을 공공연히 벌인다는 것이 과연 글로벌스탠더드이며 21세기 지식정보화 시대의 흐름에 맞는 일인가? 뒤에서 몰래 한다고 21세기 정보화 혁명 시대에 감춰질 수 있는가 말이다. 또 그렇게 해서 과연 한국의 재벌 기업들이 글로벌 경쟁력을 갖출 수 있을까? 참으로 어리석은 일이다.

개발 연대의 경제 성장 뒤집어 보기

우리나라의 경제 성장 과정, 특히 한국전쟁 이후 경제 성장 과정을 먼저 살펴보자. 1962년 경제 개발 5개년 계획부터 시작된 자본 집약적 성장 시기와 1990년대 후반부터 시작된 기술 집약적 시대로 크게 구별할 수 있다. 경제 성장 패러다임이 1990년대 중후반을 기점으로 자본 집약적 경제 성장에서 기술 집약적 성장으로 바뀐 것이다.

우선 자본 집약적 경제 성장 시기는 경제 개발 5개년 계획이 시작된 1962년부터 약 35년간이었다. 우리나라는 이 시기에 서구 선진국들이 50년에서 100년에 걸쳐 성장한 것을 단숨에 따라잡으며 성장했다.

이 시기에 우리는 시장도 개방되지 않은 폐쇄 경제 아래에서, 그것도 자본이 절대적으로 부족한 상태에서 성장했다. 그리고 자본 집약적 성장을 위해 자본 확보에 총력을 기울인 시기였다. 자본이 부족한 상태에서 자본 확보를 통해 집중적인 투자가 필요했기 때문에 중앙 집권적인 배분 방식을 택했다. 투자의 효율성을 높이기 위해 대기업 중심으로 자본을 배분한 것이다. 이제 와서 이것을 특혜라고 해석하는데, 정치권력이 한정된 자본을 확보하고 배분하는 힘을 갖고 있었기에 구조적으로 정경관의 유착은 필연적이었다.

그러면 이 시기에 자본은 어떻게 확보했을까? 우선 민간 부문이 자본을 확보할 능력이 없었기 때문에 국가 신용을 바탕으로 국제 차관을 도입했다. 또 한일국교정상화를 계기로 일본의 자금을 끌어들이고, 베트남전을 통해 달러를 확보했다. 오일쇼크 이후 중동 건설을 통한 오일달러의 확보 등도 자본 확보의 원천이 됐다. 정부는 또 경제 개발을 위해 강력한 저축 장려 운동을 펼쳐 민간 부문의 미미한 자본까지도 흡수하려 했다. 이러다 보니 당시 필연적으로 고금리 정책을 추구할 수밖에 없었다. 이 과정에서 많은 혼란과 정책적 과오들이 생겨나기도 했다.

따라서 당시 경제 패러다임의 특징은 폐쇄 경제, 자본 축적을 위한 가계 저축에의 강한 의존, 정경관 유착, 정부의 강력한 통제를 받는 관치 금융 체제하의 은행 중심의 자본 배분 등이라 할 수 있다. 이 구조에서는 정치권력이 자본을 배분하는 파워를 가졌고, 자본 집약적 성장을 주도하기 위해 대기업을 육성했다. 이렇다 보니 대개 중후장대重厚長大한 산업, 철강과 중공업 위주의 성장을 이루게 됐다. 1980년대 이후에는 반도체 등 첨단 산업으로 조금씩 바꿔가기는 했지만 말이다.

지역적으로는 자본을 배분해주는 정치권이 중앙에 있었기 때문에 대부분의 기업이 수도권에 집중됐다. 수도권에 자리 잡고 있지 않으면 자원 배분에서 소외됐기 때문이다. 따라서 성장 초기부터 지역적 불균형이 심화됐고, 이 때문에 1960년대부터 산업 정책면에서 균형 발전 정책을 꾀하려는 시도가 있었다. 예를 들어, 중화학 공업단지 등 지역별로 산업 단지를 개발해 균형 발전을 꾀하려 했다. 대기업을 위주로 한 수도권 중심의 성장과 산업 단지 개발을 통한 정책적 차원의 지역 균형 발전 등 2가지 개발 방식이 병행된 것이다.

자본 집약적으로 성장할 경우 시장 확보가 관건이다. 시장은 내수시장과 해외시장으로 나뉘는데, 내수시장이 작다 보니 해외시장을 노리는 수출 주도형 성장과 맞물려 돌아갈 수밖에 없었다. 이후 새로운 공산품들이 쏟아져 나오면서 내수시장도 점차 커졌고, 일정한 시점이 되자 두 시장이 동시에 성장하는 구조가 됐다.

그러나 중앙 집중적인 권력이 대기업에 특혜를 주는 방식으로 경제 성장을 하다 보니 대기업은 필연적으로 독점할 수밖에 없었다. 인력 측면에서는 기능 인력의 대량 확보가 중요했다. 해외 차관으로 기계를 도입해 공장을 짓고 설립하는 등 설비 투자가 급속히 늘어났는데, 이 자체만으로도 고용이 많이 창출됐다.

이때 쓰인 인력은 기술 인력이 아닌 기능 인력이었다. 기능 인력은 중·고등학교를 졸업한 젊은이들로 충원할 수 있었다. 이때 젊은이들이 경제가 집중된 서울로 대규모 상경하는 현상이 일어났다. 많은 젊은이들이 공장에 취업했다. 이 과정에서 근대적인 노동 착취 현상이 구조화되기도 했다.

대학도 당시에는 기술 인력보다 기능 인력을 관리하고 '수출 전사'의 역할을 담당할 수 있는 상업적, 기능적 인력을 양산하는 데 초점을 뒀다. 이 같은 기능공과 '상사맨' 중심의 인력으로 정경관 유착 구조 아래 공급자 위주의 독점적 구조를 형성한 재벌 기업들이 급성장하게 됐다. 기업들이 수도권에 집중되면서, 산업 정책은 지역 균형 발전을 꾀한다는 측면에서 기술 중심이 아니라 입지 중심의 산업 단지 개발 방식으로 진행됐다.

1970년대 정경관언 유착을 통한 개발 연대 방식의 성장은 30년 넘게 지속됐다. 세상은 급변하고 있는데 한국은 여전히 30년 전의 행태를 반복하고 있다. 한국의 경제 사회 및 산업 구조의 틀은 크게 변했는데도 여전히 개발 연대의 패러다임이 이 땅을 지배

하고 있다.

　왜 이런 문제들이 근본적으로 해결되지 않고 외환위기 이후 오히려 심화되고 있을까? 경제도 살아 있는 생물과 마찬가지다. 병의 근본 원인을 치료하지 않으면 중병이 되고 결국에는 사망하게 된다. 문제점과 모순이 안으로 쌓이면 언젠가는 폭발하는 것이다. 1990년대 말의 외환위기가 그 대표적인 경우라고 할 수 있다.

　그런데 외환위기 이후에도 변화된 시대에 걸맞은 새로운 경제 구조 틀이 형성된 게 아니다. 정상적인 틀이 아니라 굉장히 잘못된 틀이 형성된 탓에 국민들이 신음하고 있다. 일자리, 교육비, 사회보장 문제 등 모든 문제로 국민들이 신음하고 있다. 외환위기 이후 10여 년간 잘못된 구조적 틀 때문에 생겨난 문제들을 치유하지 않으면 심각한 위기에 다시 빠질 가능성이 높다. 그런데도 노무현 정부에 이어 이명박 정부도 문제들을 치유하기보다는 문제를 더 키우는 미봉책으로 일관하고 있다. 10년도 지나지 않아 저출산, 고령화의 충격이 코앞에 닥쳐올 텐데도 말이다. 안타까운 일이다.

우린 정말 개혁을 원했을까

IMF 위기에서 배우는 교훈

IMF사태라는 엄청난 위기를 겪은 우리 국민들은 과연 정말 개혁을 원했을까? 개혁을 원했다면 무슨 개혁을 원했고, 또 원하고 있을까?

우리 연구소에선 한국 경제의 구조 개혁을 두고 정말 오랫동안 고민하고 연구했다. 이미 여러 분석을 통해 외환위기를 전후로 한국 경제 성장 패러다임의 구조적 변화를 설명해왔다. 그리고 이 같은 변화에 따른 개혁의 필요성을 줄기차게 말했다. 지금 개혁하지 못하면 우리 자식 세대들에게 커다란 고통과 피해를 물려줄 것이라는 점도 누누이 강조해왔다.

결론적으로, 우리 국민들은 IMF라는 엄청난 충격에도 불구하고, 진정으로 개혁을 원하지 않고 있다는 생각에 이르렀다. 참으로 안타깝고 유감스럽기 짝이 없다.

이미 앞에서 자세히 언급한 것처럼 외환위기를 겪으면서 극단적으로 계층이 양극화된 것이 주된 이유다. 특히 10여 년에 걸친 정부의 잇단 정책 실패로 인해 우리 국민들이 경제적으로 둘로 나뉜 것이 개혁을 추진할 수 없었던 원인이다.

반면 1990년대 극심한 장기 불황의 엄청난 위기를 겪었던 일본은 달랐다. 2000년에 보수 자민당 정권의 고이즈미 전 총리는 대장성(한국의 기획재정부) 폐지를 비롯해 대대적인 정부와 관료 개혁에 나섰고, 국민으로부터 높이 평가 받았다.

고이즈미 전 총리가 대장성을 중심으로 사익 집단화돼 정책 실패를 반복해온 정부 관료들을 과감히 개혁할 수 있었던 이유는 그만큼 국민들의 열망이 높았기 때문이다. 특히 1990년대 부동산 버블 붕괴로 인한 부실 구조 조정 과정에서 정부 관료들의 개혁 거부로 인해 장기 불황에 빠지자, 일본 국민 대다수는 경제적, 정신적으로 고통을 받았다. 이후 일본 국민들의 정부 관료에 대한 불신과 개혁의 목소리가 높아졌고, 고이즈미식 관료 개혁은 그 같은 열망이 밑바탕이 됐다.

다시 우리 이야기로 돌아오자. 외환위기와 계속된 정책 실패로 한국 사회의 분열은 과거와는 질적으로 다르게 진행됐다. 암으로 따지자면, 악성 종양으로 분열했다는 점에서 심각한 수준이었다.

과거 군사 독재 정권 시절의 한국 사회는 독재와 반독재, 민주화와 반민주화의 수평적 좌우 이념 대결 구도로 나뉘어 있었다. 이런 대결 구도가 가능했던 데는 결정적으로 경제적 평등이 작용했다. 쉽게 말하면 대다수 국민들이 똑같이 못살았기 때문이다. 이 때문에 서로 못사는 것에 대한 부끄러움이나 차별 의식이 없었다. 그래서 '정의와 자유'의 이름 아래 민주와 반독재를 위한 국민적 열망이 하나로 결집될 수 있었다. 민주화가 이루어지면 모두가 자유롭게 잘살 수 있으리란 희망을 가지고 말이다.

그러나 외환위기 이후 한국 사회는 가진 자와 못 가진 자, 투기하는 자와 투기하지 않은(못한) 자, 일자리를 가진 자와 갖지 못한 자, 정규직과 비정규직 간의 수직적 상하 계급으로 나뉘었다. 그 결과, 19세기에 유럽 대륙을 휩쓸었던 계급 투쟁 현상이 21세기 한국 사회에서 왜곡된 형태로 재현되는 어처구니없는 상황이 벌어지고 있는 것이다.

가진 자와 투기하는 자, 일자리를 가진 자와 정규직은 엉터리 시장경제 논리를 내세워 자신들의 기득권을 더욱 강화해왔다. 반면 못 가진 자와 투기하지 않은 자, 일자리를 갖지 못한 자, 비정규직은 생존의 위협에 직면하여 스스로 삶을 포기하거나 생존을 위한 집단 투쟁으로 나아가고 있다.

　게다가 더 큰 문제는 과거 상위 기득권 계층에 더해 최근 몇 년간 정부의 정책 실패 반복으로 은행 빚을 진 '신新기득권 세력'이 급증하고 있다는 점이다. 그 결과 한국 사회가 과거보다 훨씬 보수화되는 경향을 보이고 있다.

　이념적으로는 진보적이지만 부동산과 주식 투기에 뛰어들었던 사람들은 집값과 주가에 자신의 전 재산과 인생을 걸어버린 것이다. 그래서 이들은 집값을 내려야 한다는 주장이나 집값이 내려갈 것이라는 전망에는 무조건 반대하지 않을 수 없는 처지가 되어버렸다. 그렇게 되면 자신이 망하기 때문이다. 이러지도 못하고 저러지도 못한 채 은행에 착실히 이자를 갖다 바치는 노예가 된 셈이다.

　그뿐 아니다. 정치 세력의 입장에서도 아이러니한 상황이 이어졌다. 지난 국민의 정부와 참여 정부 시절의 집권 여당 정치인들은 개혁을 표방하면서 정권을 창출했지만, 정부 관료들을 개혁하기는커녕, 시간이 갈수록 관료들에게 철저히 포위돼버렸다. 그들과 함께 정책 실패를 반복하면서, 이들이 처음에 내세웠던 개혁은 온데간데없고, 결과적으로 본인들이 의도했든 안 했든 가짜 개혁으로 전락할 수밖에 없었다. 이는 결국 자신들의 지지 계층으로부터 신뢰를 잃는 결과를 낳게 됐다.

　그런가 하면 최근 몇 년 새 투기로 적지 않은 이득을 본 중

상위 기득권 계층에 집권층은 '사실 자신들은 시장경제론자이며 그동안 이익을 많이 챙겨주었으니 지지해달라'는 식의 러브 콜을 보냈다. 그러나 이미 챙길 것은 다 챙긴 기득권 계층은 한마디로 '웃기는 이야기'라며 상대조차 해주지 않았다. 이들 정치 세력 입장에선 '산토끼'는 고사하고 '집토끼'마저 놓쳐버린 것이다. 결과는 예상대로 한나라당으로의 정권 교체였다.

외환위기와
뒤바뀐 경제 패러다임과 혼란

1990년대 중후반 우리 경제는 중대한 기로에 서게 된다. 그 상징적인 사건이 IMF 외환위기 사태다. 외환위기를 전후로 우리 경제는 국민들도 느끼지 못하는 사이에 이미 기술 집약적 패러다임으로 빠르게 바뀌고 있었다. 바꿔 말하면 이는 자본 집약적 성장 방식의 한계를 의미하기도 했다.

개발 연대 시대에 경제 사이클은 대략 4~5년 주기였다. 자본이 확보되면 공장을 설립하는 데 1년 반 정도 걸리고, 몇 천 명씩 기능 인력을 고용해 제품을 생산했다. 이런 시기에는 자본이 투자

되면 고용이 늘고 소득이 늘어서 경제도 활성화됐다.

이 시기엔 표준화된 제품을 대량 생산해서 빨리 판매하는 것이 관건이었다. 대규모 기능 인력을 고용해 대량 생산한 뒤 내수시장에 팔고 해외시장에도 수출해서 시장을 선점하면 후발 주자는 투자 수익을 확보하기가 어려웠던 구조다. 그러다 보니 그것이 구조적 과잉 설비 투자의 한계를 불러왔다. 더구나 정경관언 유착이 이뤄지다 보니 돈이 된다 싶으면 모든 재벌이 달라붙었다. 특정 업종의 주기적 과잉 투자도 발생했다.

그러나 상품 주기에 따라 경기 기복이 심해 사이클이 한 번 지나가면 상당수 대기업들이 구조적으로 부실화되는 원인이 되기도 했다. 그래도 자본 집약적 성장기에는 자본을 투자해서 투자 원금을 회수하는 데는 4~5년밖에 걸리지 않았다.

반면 기술 집약적 성장 패러다임의 특징은 기술 개발을 해야 투자가 가능하다는 점이다. 이 같은 기술 개발은 10~15년 정도 걸린다. 그 과정에서 막대한 기술 개발 투자 비용도 들어가고, 성공할 확률도 상당히 낮다. 미국 같은 선진국도 성공할 확률이 5% 미만이다. 한마디로 하이리스크–하이리턴high-risk high-return형이다. 자본 집약적인 성장 방식은 반대로 로리스크–로리턴low-risk low-return이었다고 할 수 있다.

그런데도 국내 대기업들이 수익을 확보할 수 있었던 것은 내수시장을 독점할 수 있었기 때문이다. 해외시장에서 손해를 보더라도 독점시장에서 수익을 보전할 수 있었던 것이다. 이 같은 대기업들의 행태는 경제 패러다임이 바뀌고 있는 지금까지도 계속되고 있다.

반도체를 통해 기술 집약형 경제 성장 구조에서 투자 및 수익 회수 과정을 살펴보자. 반도체 사업은 1982년 이병철 전 삼성 회장의 이른바 '동경구상'에서 시작됐다. 이후 삼성은 그룹 차원에서 총력전을 펼쳤고, 연구 개발에 엄청난 자금을 들이기 시작했다. 한때 투자 부담이 너무 커 삼성이 휘청거릴 정도였다.

1983년부터 투자가 시작돼 반도체 사업이 본 궤도에 올라간 것이 1993년 정도다. 당시 반도체 메모리 용량이 1메가로 일본과 비슷해졌다. 이후 2000년대에 들어서면서 일본을 앞질렀다. 반도체 사업에 본격적으로 투자하고 이익을 내는 데 15년 정도 걸린 셈이다.

정보통신 기술도 마찬가지다. 국내 이동통신 기술인 CDMA(코드분할다중접속) 기술도 1980년대부터 개발되기 시작됐다. 이후 1995년부터 CDMA 상용화에 성공하면서 수익을 얻기 시작했는데, 이러는 데도 15년 정도 걸렸다. 즉, 경제 구조가 바뀌면서 경제 성장 사이클이 4~5년이 아니라 10~15년으로 바뀐 것이다.

따라서 새로운 경제 패러다임하에서는 국가 차원에서 기술 개발을 어떻게 하는지가 매우 중요해진다. 필연적으로 기술 개발 인력 양성도 절대적으로 중요하다. 이때부터는 과거의 양적 성장 중심의 기능 인력 개발에서 첨단 기술을 개발할 수 있는 전문 인력을 양성하기 위한 교육 시스템으로 개혁하지 않으면 안 되었다. 전문 인력을 활용해 첨단 기술의 선도자로 입지를 굳히면 10~15년은 먹고살 수 있게 됐다.

상황은 그리 녹록치 않았다. 기술 집약적 성장으로 이행하는 과정에서 수많은 기능 인력들이 해고됐다. 전문 기술 인력으로 전환하기가 쉽지 않았기 때문이다. 사회 전반에 걸쳐 비정규직이 급증하게 된 것도 이 영향이 크다.

기업들도 마찬가지였다. 기술 개발 능력이 있는 대기업의 경우에는 성장 동력을 확보해 더욱 성장하는 반면, 기술력이 없는 중소기업은 탈락이 가속화됐다. 외환위기의 충격으로 대기업과 중소기업 간의 양극화 현상이 극심해진 것도 이 때문이다.

이처럼 경제 패러다임이 바뀌었는데도 민간 금융 시스템은 자본 집약적 성장 시기의 틀에서 벗어나지 못하고 리스크 관리 능력도 부족했다. 바뀐 경제 구조에서는 최하 10~15년간 장기간에 걸쳐 금융시장이 기업의 리스크를 걸러줘야 하는데, 우리 금융기관에는 이런 능력이 없었다. 금융 시스템이 중소기업의 기술 개발 부담을 덜어주거나 지식 기반형 사업을 창출할 수 있는 리스크 필터링 기능을 전혀 못한 것이다.

대신 은행은 기업들을 상대로 담보와 보증을 요구했다. 이렇다 보니 과거 자본 집약적 성장 방식에서 10위에서 15위권에 있던 대기업들도 외환위기 이후 모두 몰락해버렸다. 외환위기 때 쌍용과 해태 등은 물론 대우까지도 무너져버리지 않았는가? 이제 상위 그룹에 남아 있는 대기업은 삼성, LG, 현대, SK 정도다. 나머지 기업은 존재감마저 불투명할 정도다.

게다가 시중 은행들의 영업 형태가 도매 금융wholesale banking에서 소매 금융retail banking으로 바뀌면서 신용카드 버블, 부동산 버블과 같은 엄청난 혼란이 발생했다. 여기에서 한 걸음 더 나아가 세계적 부동산 버블에 편승해 가계의 부동산 투기 심리를 부추겨 부동산 버블을 키우는 펌프 역할까지 하고 있는 것이다.

외환위기 이후 달라진 우리들의 삶

IMF 위기에서 배우는 교훈 Ⅲ

휴일에 어느 공중파 방송 채널의 오락 프로그램을 본 적이 있다. 30대 중반의 어느 정도 경제력이 있는 여성 탤런트들이 나와 맞선을 보는 프로그램이다. 맞선 남녀 간의 오가는 뼈 있는 농담이 웃음을 불러냈지만, 한편으론 우리 사회의 또 다른 단면을 보여주는 것 같아 유쾌하지만은 않았다.

이 같은 '골드미스'나 '골드미스터' 등은 더 이상 이야깃거리도 아니다. 이미 몇 년 전부터 주변에 결혼 못한 30대 중반 이후 사람들이 널려 있다. 이들 가운데 상당수는 안정적인 직장을 찾지 못하거나 집값 등이 크게 올라 결혼을 미뤄왔거나 아예 포기한 사람들이다. 경제력 있는 '골드미스'는 극소수에 불과하다. 참으로 기막힌 현실이다.

얼마 전에 정부에서 내놓은 주택 공급 대책을 보고, 한심하다는 생각이 절로 들었다. 수백 가구 규모의 신혼부부 특별공급제도라는 것을 시행하겠다는 것이었다. 도대체 우리나라에서 매년 결혼해야 할 사람들이 얼마나 되는지 생각하고 내놓은 정책인지 의아할 뿐이다.

그 많은 결혼 적령기의 젊은 세대 중 누구의 입에 풀칠하겠다는 것이냔 말이다. 그나마 그 알량한 신혼부부 특별공급제도라는 것도 일자리를 가지고 있는 사람에 한정했다. 30년 전이나 지금이나 눈 가리고 아웅 하기 식의 이런 정책을 내놓는 것을 보면 안타까울 뿐이다.

실업률 통계도 마찬가지다. 항상 3%대 통계치를 내놓으며, 정부는 다른 선진국에 비해 양호하다고 자화자찬을 늘어놓고 있다. 그러나 이 같은 실업률이 실제와 달리 엉터리라는 사실은 이미 모두 알고 있다.

예를 들면 이렇다. 일자리가 없어 취직 활동을 하다가 공무원 시험을 준비하는 사람은 통계에 잡히지 않는다. 대학 졸업하고 취업이 안 돼 대학원에 간 사람도 실업자가 아니다. 전업 개미투자자나 온갖 다단계 판매업 종사자들도 마찬가지다. 전국에 약 15만 명에 달하는 보험 설계사들 가운데 3만 명 정도를 빼고는 3개월 내지 6개월 만에 얼굴이 바뀐다. 40~50대에 일찍 직장을 그만두고 높은 임대료를 내면서 어쩔 수 없이 장사하는 자영업자들도 도처에 널려 있다.

이것이 현실이다. 젊은 층은 제대로 결혼도 하지 못하고, 일자리도 없이 극심한 실업에 시달리고 있다. 경제위기 속에 뒤늦게 정부가 내놓은 청년 인턴 제도라는 것도 단기적인 아르바이트에 불과하다. 조기 퇴직에 내몰리는 중장년층은 제대로 된 노후 대책을 세울 틈도 없다. 이미 많은 국민들이 일자리 감소와 비정규직 증가, 교육과 사회복지 문제 등으로 신음하고 있다.

특히 이 같은 문제들은 지난 외환위기 이후 더욱 심화, 확산돼왔다. 1997년 말 전후로 그동안 쌓여온 각종 문제점과 모순이 폭발했고, 한국 경제 전반에 걸쳐 구조적 변화가 일어나기 시작했다.

문제는 외환위기 이후에도 변화된 시대에 걸맞은 새로운 경제 구조 틀을 만들지 못했다는 점이다. 오히려 틀이 더 잘못되면서 국민들의 고통은 더욱 가중됐다. 안정적인 일자리는 늘지 않고, 청년 실업과 비정규직만 크게 늘었다. 계층 간 소득의 불균형은 더 커졌고, 개인과 기업 등 사회 전반에 걸친 양극화는 더욱 심화됐다. 지난 10년 동안 잘못된 구조적 틀 때문에 생겨난 문제들이었다.

그런데도 노무현 정부에 이어 이명박 정부도 그런 문제들을 치유하기보다는 문제를 더 키우는 미봉책으로 일관하고 있다. 외환위기가 오네, 부동산 위기가 오네 말하지만, 당장 영세 자영업자 붕괴로 인한 위기가 더 걱정스럽다. 이미 이들 영세 소상공 자영업자들은 유가 및 각종 원자재 값의 폭등과 소비자 물가 상승, 소비 위축 등으로 하나둘씩 무너지고 있다. 이를 해결하지 않으면 또다시 심각한 위기에 빠질 가능성이 높다.

경제는 살아 있는 생물과 같다. 어떤 병이든 근본 원인을 치료하지 않으면 더욱 깊어지고 결국에는 죽음에 이르게 된다. 문제점과 모순이 내부적으로 쌓이다 보면 언젠가는 폭발하게 된다.

지난 10년을 돌이켜 보면 우리 경제가 자식 세대에게 물려준 것이라곤 부동산 투기와 엄청난 가계 부채뿐이다. 꿈과 희망을 가질 수 있는 생산적인 경제를 만들어주기는커녕 거품 경제로 그들에게 좌절감만 안겨주었다. 정권은 바뀌었지만 일관성 있게 추진된 것은 부동산 투기 조장 정책뿐이었다.

경제 구조가 바뀌고 시대가 바뀌었지만, 사람은 바뀌지 않았다. 제대로 된 지식도 없이 이념에 찌든 사람들이 여전히 정치를 하고, 대통령이 되겠다고 나서고 있다. 일반 기업에선 기업 환경 변화에 대처하지 못하는 경영자는 곧바로 교체된다. 그렇게 하지 않으면 기업은 망하기 때문이다. 한 나라의 운영도 마찬가지다.

이제는 경제의 구조적 변화를 이해하고 이에 대처할 수 있는 전문적 능력을 갖춘 사람이 국가를 경영해야 한다. 그럴 때가 됐다.

정치의 주인은 누구인가

잘살고 싶다면 참여하라

많은 사람들이 정치를 너무 거창하게 생각하는 경향이 있다. 정치란 돈 있고 빽 있고 힘 있는 사람들이나 하는 것이지, 자기와 같이 돈 없고 힘없는 서민들은 언감생심 엄두도 못 낼 일이라고 생각하는 듯하다. 뭔지는 몰라도 정치는 무언가 대단한 것이고, 정치하는 사람들은 돈도 많고 대단할 것이라고 생각한다.

그런가 하면 정치란 여든 야든 국가와 국민을 위한다고 말하면서도 자기들 잇속 챙기기에 급급한, 그렇고 그런 놈들이 하는 사기극에 불과하다고 생각하는 사람도 적지 않다. 그래서 정치판에 뛰어들면 패가망신하기 십상이라고 생각한다.

또 정치란 방송이나 언론 등에 알려진 이름 있는 사람들이나 하는 것이지, 힘없는 일반 서민들과는 무관한 것이라고 생각하는 사람들도 많다. 그래서 정치를 하려면 수단과 방법을 가리지 않고 방송이든 언론에 이름을 알려야 하고, 언론을 잘 이용하거나 언론에 밉보여서는 안 된다고 생각한다.

지금 50세가 넘은 사람들은 정치를 생각하는 것 자체를 금기시하는 경향까지 있다. 지난 1960~1970년대 박정희 유신 독재 때의 세뇌와 탄압에 대한 두려움과 공포가 여전히 남아 있기 때문이다. 그래서 힘없는 사람이 주제넘게 정치 하려 하거나 정치에 관심을 가졌다가는 권력 기관으로부터 알게 모르게 탄압이나 억압을 받을 것이라는 두려움이 적지 않은 것 같다. 이런 사람들은 정치 참여 이야기만 꺼내면 히스테리컬한 반응을 보이기까지 한다.

어떤 사람들은 정치란 원래 노름판과 같아서, 정치하는 사람들은 사기꾼들이나 마찬가지라고 말한다. 선거할 때에는 온갖 엉터리 공약을 남발하고는 끝나고 나면 언제 그런 공약을 했느냐는 식으로 안면몰수하고 엉터리 짓을 해댄다는 것이다. 그래서 아무리 깨끗하고 도덕적인 사람이라 할지라도 정치판에 뛰어들면 기존의 정치인들과 마찬가지로 똑같이 사기꾼이 되어버린다고 말한다. 그러니 어느 놈도 믿을 수 없다는 것이다. 아무리 전문성이 있고 도덕적인 사람이 정치를 하겠다고 나선다고 해도 믿을 것이 못

된다는 말이다.

이는 주변에서 쉽게 들을 수 있는 정치에 대한 이야기들이다. 대부분 상당히 부정적인 인식이 많다. 그러나 이는 잘못된 생각이다. 오히려 이 같은 생각들이 기존 정치판을 더욱 엉망으로 만든 원인이라고 본다. 또 이 때문에 일반 서민들 스스로가 정치에 무관심하거나 기피하는 것이다.

아이러니컬하게도 서민들의 정치에 대한 무관심을 가장 원하고 바라는 사람들이 바로 기존 정치인들이다. 기존 정치권과 정치인들 입장에서는 자신들이 무슨 짓을 하든, 늙어 죽을 때까지 국가를 말아먹든 말든, 모두가 무관심하거나 정치를 기피해준다면 더 이상 바랄 것이 없다고 생각할 것이다.

30~40년 전에는 선거 때에는 막걸리나 고무신이 민주주의라는 탈을 뒤집어쓴 채 정치를 대신했고, 20~30년 전까지만 해도 돈 봉투가 정치를 대신했듯이, 지금은 많은 사람들의 정치에 대한 오해와 무관심이 민주주의를 무력화시키면서 정치를 퇴보시키고 있는 것이다.

우리의 모든 삶은 정치에 의해 크게 영향을 받는다. 사교육비가 급증하는 것도, 대학 등록금이 천정부지로 치솟는 것도 모두 정치적 결정에 의한 것이다. 어떤 정당 또는 대통령이 어떤 교육정책을 시행하느냐에 따라 완전히 달라진다.

젊은 세대의 일자리 역시 마찬가지다. 대학을 나오고 대학

원을 졸업해도 온전한 일자리를 얻지 못하는 것 역시 정치권의 정책 결정에 따라 크게 달라진다. 자영업자들과 같은 소상공인의 생활 형편 역시 그렇다. 정치권이 어떤 경제 정책을 추진하느냐에 따라 삶이 힘들어지기도 하고, 나아지기도 한다. 동네 소상공인 보호를 우선하는 정책을 택하느냐, 아니면 재벌 자본을 우선하는 정책을 택하느냐 하는 것도 정치에 의해 결정되는 것이다. 주택 문제, 노후 생활, 의료보험, 사회복지, 독신 급증, 저출산 문제, 농업 문제, 환경 문제 역시 정치권이 어떤 정책을 선택하느냐에 따라 크게 달라진다.

이처럼 사람들이 아무리 부정하려 해도 일반 서민들의 모든 삶이 정치에 의해 결정된다. 우리들의 삶 구석구석에까지 영향을 미치고 있는 것이다. 우리가 부정할수록 정치는 더욱더 우리의 삶에 강력히 파고들며, 이를 지배한다.

사람들은 정치에 참여하는 유일한 길이 선거에 참여하는 것이라고 생각한다. 물론 최종적으로는 선거에 참여하는 것이 가장 중요하다. 그러나 선거 참여 못지않게, 그에 앞서 일반 서민들 스스로가 정치의 주인공이 되는 것이 중요하다. 일반 서민들과 정치가 무관해지고 정치 기피증이 생겨난 것도 일반 서민들 스스로 정치의 주인공이 될 수 없다고 생각해왔기 때문이다. 여든 야든 정치권은 그런 약점을 교묘히 악용하여 지금껏 자기들끼리만 정치를 독점해온 것이다. 그래서 서민들의 삶이 힘들어진 것이다.

그렇다면 어떻게 일반 서민들이 정치에 참여할 수 있는가? 어렵지 않다. 우리 연구소는 인터넷을 통해 포럼을 만들었고, 이미 회원 수가 6만 명을 훌쩍 넘었다. 또 온라인상에 지역 모임을 만들고, 가끔 오프라인에서 만나기도 한다. 연구소의 포럼에 들어와, 좀 더 잘살 수 있는 정책에 대해 의견을 주고받고 공감대를 형성하는 것 자체가 이미 정치에 참여하는 것이다.

새로운 정당에 가입하는 것도 아니다. 서로 모여 공감대를 형성하고, 앞으로 있을 선거 때 투표만 올바르게 하면 된다. 그 속에서 젊고 유능하고 도덕성을 갖춘 우리의 자식 세대들을 정치 세력화해서, 기존의 무능한 정치판을 물갈이하면 된다.

또 정치에 참여한다고 해서 피해를 보는 것은 결코 아니다. 정치는 결코 거창한 것이 아니며, 엉터리가 판을 치는 사기극은 더더욱 아니기 때문이다. 일반 서민 자신이 곧 정치의 주인공이자 최종적 투표권을 지닌 진정한 권력자인 것이다.

가장 바람직한 정치는 일반 서민이 주인공인 생활 정치라고 생각한다. 따라서 가장 바람직한 정치인은 일반 서민들의 삶을 최우선으로 하는 생활 정치인이다. 일반 서민들이 생활 정치의 진짜 주인공이 되어 자신들을 위해 올바른 정책들을 직접 결정하면 되는 것이다. 생활 정치에의 자유로운 참여는 자신들의 삶을 지키고 풍요롭게 하기 위한 일반 서민들의 기본 권리이기 때문이다.

이제는 일반 서민들 스스로가 정치의 주인이라는 것을 자각할 때가 됐다. 진정으로 정치의 주인으로서 실천할 때가 됐다. 자신들이 진정으로 정치의 주인이라고 자각하지 못한다면, 그리고 정치의 주인으로서 직접 실천하지 못한다면, 서민들의 삶은 앞으로도 계속 힘들어질 것이다. 또 우리 자식 세대들에게도 어떠한 희망이나 미래도 없을 것이다. 우리 모두가 원하지 않는 일이다.

다시 핵 개발에 나선
북한이 진정 원하는 것

북한 문제로 바라본 미래

버락 오바마Barack Obama 미국 대통령이 취임 이후 처음으로 한국을 방문했다. 그는 한미정상회담 직후 가진 공동 기자회견에서 깜짝 놀랄 만한 발표를 했다. 북한 핵 문제를 해결하기 위해 스티븐 보스워스Stepen Bosworth 특사를 12월 8일에 북한에 보낸다는 내용이다. 이미 일본과 중국 등을 방문하고, 마지막 방문지인 한국에서 이 같은 사실을 발표한 것에 대해 김정일 국방위원장에게 보내는 고도의 외교 메시지라는 분석도 있다.

사실 미국의 북한 특사 파견은 새로운 일이 아니다. 과거 클린턴 정부 때부터 북한을 '악의 축'이라고 비난했던 부시 행정부도 북한에 특사를 파견한 적이 있다. 대신 이번 방북 대표단이 관심을 끌고 있는 이유는 그동안 한국과 미국, 북한 간의 정치, 경제적 지향이 크게 변했기 때문이다.

북한과 소통해왔던 한국 정부에선 보수적 성향의 이명박 정권이 들어섰다. 미국에선 과거 클린턴 행정부와 맥을 같이하는 오바마 행정부가 들어섰다. 특히 이명박 정권 출범 후 북한과의 관계 재정립에 나선 현 정부의 각종 대북 강경 노선으로 남북 간 경색 국면은 최고조에 이르고 있다.

북한은 다시 핵 카드를 꺼내들었고, 지난 5월 핵 실험과 함께 장거리 미사일 발사 실험을 강행했다. 그리고 경제적으로는 개성 공단 폐쇄 조치 등으로 이어지면서 강경한 태도를 누그러뜨리지 않고 있다. 북한 핵 실험에 가장 강력히 반발한 곳은 물론 한국과 일본이다. 이명박 정부와 한나라당은 북한의 핵 실험 이후 대량살상무기확산방지구상PSI에 가입하겠다고 선언했고, 미국 핵우산 편입도 검토하고 나섰다.

PSI는 2003년에 부시 행정부가 추진한 것이다. 2002년 12월에 북한이 예멘에 수출한 스커드미사일을 실은 화물선을 스페인 해군이 발견해 검문했지만, 국제법상으로 미사일을 몰수할 근거가 없었다. 이 사건을 계기로 미국이 주도해 테러 가능성이 의심되는 선박 등을 검문할 수 있도록 하는 내용을 발표했고, 한국에도 참여를 요청했다. 그러나 당시 노무현 정부는 PSI 가입이 정전 협정을 위반하고 북한과의 긴장을 불러올 가능성이 높다고 보아 정식 가입을 기피했고, 옵저버로만 참여했다. 핵우산 편입 발언 역시 지난 1992년 남북한이 체결한 한반도비핵화공동선언에 어긋나는 것으로, 한국 내에 핵 반입을 허용하겠다는 말이다.

그런가 하면 일본의 아소 다로麻生太郎 전 총리는 북한의 핵 실험 직후 "일본은 북한의 핵 시설에 대한 선제공격을 '집단적 자위권'의 일환으로 해석할 수 있다는 것이 오래전부터 논의되어 왔다"고 말하는 등 강력히 반발했다. 이미 알다시피 일본인 납치 사건으로 북한에 대한 여론이 극도로 악화된 상태였다.

미국도 표면적으로는 초기에 강경한 입장을 표명했다. UN안보리 차원에서 대북 제재를 강화하는 결의안을 채택하는 등의 행보를 보이기도 했다. 그러나 오바마 정부는 대화를 통해 해결책을 모색할 것임을 밝히면서, 북한과의 대화 재개를 꾸준히 추진해왔다. 빌 클린턴 전 대통령은 북한에 방문해 미 여기자 2명을 데리고 돌아오기도 했다. 이후 북한 대표의 미국 방문과 이번 보스워스 특사의 북한 방문 등으로 북미 간 본격적인 직접 대화는 재개됐다고 봐야 한다.

그렇다면 북한이 핵실험과 미사일 발사 등 강경한 태도를 보인 이유와 의도는 무엇일까? 우선 대외적으로 미국에서는 대화와 타협을 내세우는 오바마 정부가 등장한 반면, 한국에서는 대북 강경책을 내세우는 이명박 정부와 한나라당이 집권했다는 사실이다. 또 대내적 요인으로는 김정일 국방위원장의 건강 악화와 권력 승계를 둘러싼 내부 권력 투쟁을 들 수 있다.

대외적인 요인부터 자세히 살펴보기로 하자. 2008년 10월, 부시 행정부 말기에 북한이 원했던 테러 지원국 해제가 이루어졌고, 대화를 통해 문제 해결을 모색하는 오바마 행정부가 출범했다. 미국 쪽 상황만 따지면 분위기는 좋아졌음에 틀림없다. 이 같은 상황에서 대북 강경책을 주장하는 이명박 정부가 탄생한 것이다. 북한의 입장에서는 매우 곤혹스러울 만하다.

알다시피 북한은 DJ정부의 햇볕 정책과 노무현 정부의 포용 정책을 통해 우여곡절 속에서도 10년 동안 개방화 전략을 추구해왔다. 이산가족 상봉과 금강산 관광부터 시작해 남북철도 개통, 개성공단 가동 등 조금이나마 한국과의 긴장을 완화하고 내부적으로는 군부 강경파를 누르면서 착실히 개방 정책을 추진해왔다.

그러던 것이 갑자기 햇볕 정책과 포용 정책을 '퍼주기' 정책이라며 비난하고 나선 이명박 정부가 집권한 것이다. 북한으로서는 지난 10년 동안 추진해온 개방화 전략이 커다란 난관에 부딪히게 된 것이다. 현 정부와 한나라당 입장에서는 결과적으로 과거 대북 포용 정책이 북한 핵 개발 자금을 대주었다고 보는 것이다. 그렇지만 이는 본말이 전도된 잘못된 생각이다.

과거 부시 행정부와 일본의 대북 강경 봉쇄 전략의 긴장 속에서도 북한은 한국 정부의 포용 정책과 중국의 우호 전략을 바탕으로 개방화 전략을 계속 추진해왔다. 이번에는 반대로 대화를 표방하는 오바마 행정부와 대북 강경책을 주장하는 이명박 정부를 맞게 됐고, 북한 입장에서는 계속 엇갈린 장단인 셈이다.

사실 북한이 핵 개발에 나서지 않을 수 없었던 배경 중의 하나가 북한을 둘러싼 한국과 미국 정권 변화의 엇박자 때문이었다고도 할 수 있다. 경제적으로나 군사적으로 열악한 북한으로서는 최후의 보루를 확보하지 않을 수 없었던 것이다. 이는 1970년대에 박정희 정부가 핵 개발을 시도했던 것과 비슷한 상황이다. 당시 박정희 정부는 미국의 베트남전 패배를 목격했으며, 유신 독재로 인해 미국 카터 정부로부터 주한미군 철수 등 강한 압박을 받고 있었다. 경제력이나 군사력 면에서도 당시 한국은 북한에 뒤져 있었다. 그런 상태에서 박정희 정부가 선택할 수 있었던 최후의 보루가 핵 개발이었다.

북한 역시 마찬가지다. 과거 김대중 정부 및 클린턴 정부의 대화와 협력 시절 때와 달리 부시 행정부의 강력한 대북 봉쇄 압박 속에서 6자회담은 사실상 무력화됐다. 북한이 DJ와 클린턴 정부 때에 추진한 개방화 전략은 이미 북한 내부에서도 상당한 속도를 내고 있었던 것으로 보인다.

북한은 지난 2002년 말 미국 대선에서 민주당의 앨 고어 Albert Gore 부통령이 당선될 것으로 기대했다. 오히려 한국이 문제였다. 당시 민주당의 노무현 후보는 열세였고, 한나라당의 이회창 후보가 우세였기 때문이다. 당시에 많은 사람들이 그렇게 될 것이라고 예상했으나 결과는 반대였다.

한국에서는 열세가 예상되던 노무현 후보가 당선되고 미국에서는 공화당 부시(43대) 후보가 당선된 것이었다. 2003년 노무현 정부는 햇볕 정책을 계승하는 포용 정책을 천명했지만, 부시 행정부는 출범하자마자 북한을 악의 축으로 몰아붙였다. 북한으로서는 혼란스럽고 당황스러웠을 터였다. 북한은 미국에 대한 오랜 불신이 다시 증폭되었고, 핵 개발 강행으로 이어졌던 것이다.

반면 포용 정책을 천명한 한국의 노무현 정부에 의지해서 개방 정책을 강화해간 것으로 보인다. 이처럼 미국 부시 행정부에 대해서는 핵 개발 강행을 통한 강경 대립을, 노무현 정부에 대해서는 경제 개혁을 위한 개방 전략이라는 2중적인 전략을 추진한 점을 보면 북한 내부에서도 개방 전략이 사실상 돌아올 수 없는 강을 건넌 상태까지 진전되었던 것으로 볼 수 있다.

북한 입장에서는 김정일 1인 지배 체제와는 달리 미국과 한국의 경우에는 언제든지 정권이 바뀔 수 있다는 점과 그로 인해 자신들의 정책이 크게 영향 받는다는 사실을 다시 한 번 절감했을 것이다. 특히 미국의 정권 변화는 북한의 체제 존립과 안정에 심각한 영향을 미친다. 부시 행정부 출범으로 클린턴 행정부와 쌓은 신뢰가 무너지면서, 미국의 정권 변화에 관계없이 체제 안정과 최후 수단으로서의 협상 카드 확보가 필요했다고 할 수 있다. 그것이 곧 핵 개발 강행으로 이어진 것이다.

결과적으로 부시 정부가 주창하여 추진된 북한과의 6자회담이 교착 상태에 빠지게 되자, 2005년 9월 19일 6자회담 재개를 위한 9·19공동성명을 발표하기에 이른다. 9·19공동성명은 부시 정부에 대해 극도로 불신감을 갖고 있는 북한을 6자회담의 협상 테이블로 끌어내기 위해 중국의 주도하에 이뤄진 것이다. 당시 중국은 '말 대 말, 행동 대 행동'의 기본 원칙을 내세워 서로의 약속을 확인하는 방식으로 문제를 풀어가기로 합의한 것이다.

그러나 부시 정부 시절인 2005년과 2006년에 득세하던 네오콘들이 9·19공동성명을 무력화시키자 북한은 또다시 강경책을 고수하게 된다. 2006년 10월, 1차 핵 실험 강행은 바로 그 때문이었다. 이를 계기로 6자회담은 다시 교착 상태에 빠지게 되었으며, 사실상 북한은 핵을 보유한 것으로 추정되었다. 2009년 오바마 행정부도 출범을 전후로 북한을 사실상 핵 보유국으로 인정한다는 외신 보도를 내보냈다.

북한의 1차 핵 실험으로 6자회담이 교착 상태에 빠지자, 이를 타개하기 위해 노무현 정부는 2006년 말에 미국 중간 선거에서 민주당이 승리한 것을 계기로 베를린에서 북미양자회담을 주선하여 6자회담을 다시 재개하게 된다. 북미 간 베를린회담을 계기로 2007년 2월에 '행동 대 행동'의 원칙에 따라 핵 시설 검증 및 폐지와 중유 지원 등 경협 지원에 관한 초기 단계의 조치를 상호간에 병렬적으로 취하기로 합의한다. 2·13합의문이 바로 그것이다. 그러나 2007년 후반에 한국에서 대북 강경책을 주장하는 한나라당의 집권 가능성이 높아지면서 2·13조치도 시행하지 못하게 된다. 결국 2008년 초 이명박 정부가 들어서면서 6자회담과 남북 경협은 사실상 전면 중단 상태에 빠지게 된다.

고 김대중 전 대통령이 2009년 빌 클린턴 전 대통령과 만난 자리에서 9·19공동성명으로 복귀하는 것이 북핵 문제 해결의 열쇠라고 말한 것도 극도로 불신감이 높아진 북한의 신뢰를 어떤 식으로든 회복시켜야만 이 문제를 풀 수 있다고 보았기 때문이다. 오바마 행정부가 이를 올바로 인식하고 있다면 오바마 행정부의 대북 전략은 어느 정도 가늠할 수 있게 된다.

이렇게 된다면 오바마 행정부 입장에서 최대 걸림돌은 북한이 아닌 대북 강경책을 내세운 이명박 정부가 된다. 이런 점에서 북핵 문제와 관련해 한미 관계가 껄끄러워질 가능성도 크다.

'말 대 말'이란 북핵 문제를 둘러싸고 북미 양자 간에 밀고 당기는 대화와 협상의 틀 만들기를 의미한다. '행동 대 행동'이란 '말 대 말'의 합의 사항을 구체적으로 실천하기 위한 신뢰 쌓기 흥정을 말한다. 즉, 한국과 미국이 북한의 핵 개발 및 핵 보유를 포기하는 대신 그에 상응하는 대가를 북한에 제공해주는 것이다. 이 경우 북한에 제공해주는 대가는 원하든 원치 않든 대부분 한국이 부담할 수밖에 없다. 말하자면 이명박 정부는 대북 강경책을 포기하지 않는 한 '말 대 말'의 협상 테이블에 실질적으로 참여하기 어렵다. 반면 '행동 대 행동'에서 북한에 제공하는 경제적 대가를 부담해야 하는 들러리가 될 것이다. 이것이 오바마 행정부의 대북 전략이 될 가능성이 높다.

결국 한미 간 엇박자 대북 강경책으로 인해 이명박 정부는 결과적으로 북한에 더 많이 퍼주지 않을 수 없는 입장에 놓이게 됐다. 이는 북한이 진정으로 원하는 것일 수 있다.

88만 원 세대들에게 고함

기성세대에 짓눌린 청년들을 위한 조언

『88만 원 세대』라는 책이 베스트셀러가 되면서, 이 말 자체가 우리 젊은 세대를 상징하는 말이 됐다. 알다시피 88만 원 세대란 외환위기 이후 안정적인 일자리를 얻지 못하고 비정규직으로서 88만 원을 받아 살고 있는 20대를 일컫는 말이다. 이에 비해 30~40대는 IMF사태 이전에 종신 고용 등의 안정적인 취업으로 어느 정도 경제적 부를 축적한 세대로, 이를 바탕으로 부동산 및 주식 투기 등을 통해 기득권을 획득한 세대로 구분했다.

이 책의 저자인 우석훈 박사 등은 10~20대의 독립과 인격을 인정하는 서구 사회와 달리 한국의 30~40대는 10~20대를 여전히 보호와 통제가 필요한 어린애로 취급하는 폐쇄적 사고방식에서 벗어나지 못하고 있다고 비판한다. 오히려 한국의 30~40대는 IMF사태 이후 부동산과 교육 분야에서 시장 논리를 내세워 천문학적인 주거 비용과 교육 비용이라는 승자독식 진입 장벽을 설치했다고 주장한다. 그리고 이것이 조폭이나 불법 다단계 사업의 착취나 같다고 일갈한다.

그 결과 20대는 과거 30~40대가 경험했듯 평균적인 삶을 누릴 수 있는 취업과 독립의 기회조차 얻지 못한 채, 독립해야 할 나이에도 부모의 그늘에서 벗어나지 못할 뿐 아니라 비정규직, 저임금의 착취당하는 인생으로 전락하고 있다고 주장한다.

또 세대 간 불균형은 이미 돌이킬 수 없을 정도로 고착화되었고, 88만 원 세대에게는 더 이상 미래가 없다고 주장했다. 세대 간 불공정 게임을 타파하려면 우선 20대의 노동에 대한 임금 수준을 현실화해야 하며, 고용 안정을 기할 수 있는 방안을 모색해야 한다고 강조한다.

책의 내용을 자세하게 소개한 것은 한국 사회에서 88만 원 세대로 일컬어지는 20대의 현실을 비교적 사실적이고 설득력 있게 설명하고 대안을 내놓았기 때문이다. 책에선 20대와 30~40대를 구분하지만, 실제 지은이들의 주장처럼 30대라고 해서 승자독식을 통해 안정적인 경제적 부를 지닌 사람들이 얼마나 많은지에 대해

선 생각이 다르긴 하다.

　그런데 분명한 것은 외환위기 이후 20~30대의 젊은 세대를 보면 철저히 자기방어적이거나, 아니면 자기방어를 포기하고 아무 것도 할 수 없을 만큼 무기력한 상태에 빠지거나 둘 중 하나인 것 같다. 언제 잘릴지 모르는 직장은 더 이상 믿을 곳이 못 되고, 세상 에서 믿을 것은 오직 돈밖에 없으며, 그래서 주식이든 부동산이든 수단과 방법을 가리지 않고 돈 버는 데 급급해하는 것이다.

　반면 돈을 벌지 못하는 사람들이나 돈을 벌 수 있는 기회조 차 갖지 못한 사람들은 정체성을 상실한 채 무력해지고 있다. 그런 젊은이들은 계속 안으로 숨어들고 있다. 극한의 좌절감과 열등감 때문에 세상으로부터 도피하고 있는 것이다. 세상이 이렇다 보니, 젊은 세대들은 정치권이든 누구든 돈 벌게 해준다는 감언이설에 쉽게 현혹된다. 물론 그 말이 진짜인지 아닌지 사리 판단도 제대로 하지 못한 채 말이다. 참으로 안타까운 일이다.

　또 한 가지 안타까운 일은 젊은 세대들이 직면한 여러 가지 어려움들이 개인의 역량 부족 때문인지, 아니면 자신의 의지와는 상관없이 정치 경제의 시스템적 오류에 기인하는 것인지 잘 모르 고 있다는 점이다.

　기성 정치인들은 그동안 권력욕과 자신들의 사적 이익에 눈 이 어두워 자신들의 무지와 도덕적 해이에 아랑곳하지 않고 온갖 정책적 실패들을 계속 양산해내고 있다. 그로 인해 발생하는 모든 정책 실패의 결과를 20∼30대 젊은 세대들이 모두 뒤집어써야 하는 상황인 것이다. 그런데도 젊은 세대들은 엉터리 정책의 희생양이 되고 있다는 어처구니없는 사실조차 제대로 깨닫지 못한 채 정치에는 무관심할 뿐이다.

정치에 무관심하고 현실로부터 도피한다고 해서 결코 현재의 상황이나 운명이 달라지지 않는다. 오히려 정치에 무관심할수록, 또 현실에서 도피할수록 미래는 더욱 힘들어질 뿐이다. 젊은 세대가 정치에 무관심할수록 자신의 운명을 방치하는 꼴이다.

젊은 세대가 정치에 관심을 갖기 위해서는 무엇보다도 현실에 대한 객관적인 사실 인식이 필요하다. 또 무엇이 있는 그대로의 현실인지 올바로 이해해야 한다. 그래야만 무엇이 문제인지 올바르게 인식할 수 있다. 올바르게 문제를 인식하게 되면 기만적인 엉터리 언론들의 왜곡 선동과 조작에 휘둘리지 않게 된다. 문제 인식을 올바르게 한 후에는 자신들의 운명은 스스로 결정하겠다는 자결自決 의식과 주체의식을 가지고 문제 해결을 위한 대안을 많은 사람들과 솔직하게 토론해야 한다.

자신은 어디서 흘러와서 어디로 흘러가고 있는지, 누구와 더불어 살고 있는지에 대해서 진지하게 고민해봐야 한다. 또한 인간으로 태어나 어떻게 사는 것이 사람다운 삶이며, 죽음의 순간에 이르러 부끄럼 없이, 후회 없이 살았다고 자부할 수 있는지 고민해봐야 한다.

신이 존재한다면 자신을 이 세상에 보낸 목적이 무엇인지, 또는 신이 존재하지 않는다고 해도 자신이 이 세상에 온 목적이 무엇인지에 대해 진지하게 고민해봐야 한다. 자신의 실존적 문제에 대해 철학적, 역사적으로 고민해야 한다는 말이다.

시공간적으로, DNA적으로 한국과 한국인이라는 현실 속에서 자신이 할 수 있는, 또는 해야 할 역할이 무엇이며, 자신의 권리와 책임이 무엇이고, 자신의 자식 세대들에 대해서는 무엇을 남겨주어야 할 것인지, 자신들의 자식 세대들은 어떻게 살았으면 좋을 것인지에 대해 고민해야 한다. 20~30대 젊은 세대가 이런 고민들을 진지하게 토론하고 논의하는 것이 곧 정치 참여의 출발점이다.

일자리 문제부터 시작하여 주택, 연금, 환경, 교육 문제 등거의 모든 분야가 이미 시작부터 많이 잘못되어 있거나, 더욱 잘못된 길로 접어들려 한다. 기득권 옹호적인 정책 결정권자들의 무지와 도덕적 해이로 인해 말이다. 기득권 계층의 엄청난 정책 실패들과 도덕적 해이를 젊은 세대들이 그대로 방치할 경우, 나중에 후회한들 이미 때는 늦을 것이다. 그러니 지금부터라도 젊은 세대들은 친구들과의 진지한 토론을 통해 구조적 모순을 막아야 한다.

20~30대 젊은 세대에게 충고하고 싶다. 한국 사회를 짊어지고 갈 20~30대 젊은 세대들이 자신의 짧은 지식과 경험에 비추어 사고를 좁은 틀에 가두어버린다면, 자신은 물론 한국 사회 역시 절대로 발전할 수 없다. 젊은 세대들은 무식과 무지로 넘쳐나는 한

국 사회 기성세대들의 계급 투쟁적 대립의 틀로 뛰어들어서는 안 된다.

자신이 짧은 기간 배웠던 것에 갇히지 말고 항상 끊임없이 새로운 것을 배우고 공부하려는 자세를 가져야 한다. 그래야만 사고의 유연성을 키울 수 있고, 사고가 유연해질 때 비로소 현실이 올바로 보이기 시작하며, 현실이 올바로 보이기 시작하는 순간 문제 해결 방안도 발견할 수 있게 된다.

20~30대 젊은 세대는 50~60대의 기성세대들과 한 세대 차이가 난다. 세상이 20~30년 지나면 기존의 기성세대와는 다른 사고방식과 행동양식이 생겨나게 된다. 새로운 사고방식과 행동양식의 구체적인 내용이 무엇이든, 그것은 세대 차이에서 오는 것이며 기성세대의 그것과는 다르다.

그렇기 때문에 역사가 발전하고 사회가 진보하는 것이다. 젊은 세대들이 기성세대들의 사고방식과 행동양식을 답습한 채 자신들의 꿈과 이상을 실현할 수 있는 새로운 사고방식과 행동양식을 만들지 않는다면, 그 사회는 발전과 진보를 멈추고 정신적 보수화로 인해 정체될 것이다.

바로 그런 점에서 20~30대 젊은 세대는 자신들의 미래에 대한 꿈과 이상을 지녀야 한다. 또 먼 훗날 꿈과 이상을 실현하여 자신들의 자식 세대들에게 좋은 사회를 물려주겠다는 열정도 지녀야 한다. 그 꿈과 이상을 실현할 수 있는 가치들과 열정을 현재 사고방식과 행동양식에 담아야 한다. 지금까지 기성세대들이 보여온 시대착오적이고 계급 투쟁적인 진보와 보수 간 이념적 대립의 연장선상에서 우왕좌왕하거나 부화뇌동해서는 안 된다.

　　다시 말해, 젊은 세대들에게 가장 중요한 것은 스스로를 폐쇄적 사고의 틀 속에 가두어 자기최면에 빠지지 않는 사고의 유연성이며, 동시에 가장 경계해야 할 것은 행동하지 않는 꿈과 이상과 열정을 잃어버린 패배주의적 보수화 경향과 정치적 무관심이라고 하겠다.

제대로 된 개혁의 구체적 방법론

개혁을 위해 선행되어야 하는 것들

다시 정치의 계절이 오고 있다. 2010년에 있을 지방자치단체장 선거를 앞두고 여야 정치권의 움직임이 벌써부터 부산하다. 진보든 보수든, 각 진영의 시민사회단체들도 2010년 선거를 위해 합종연횡하는 모습도 나온다. 이 과정에서 여전히 빠짐없이 나오는 이야기가 바로 정치 개혁이다.

다시 말하지만, 위기에 빠져 있는 한국 경제를 살리기 위해서라도, 21세기 지식정보화 중심의 경제 패러다임에 적극적으로 대응하기 위해서라도 현재의 여야 정치권과 기성세대의 물갈이를 통한 세대교체가 정치 개혁의 핵심이 돼야 한다.

이를 토대로 좀 더 구체적으로 정치 개혁의 방향에 대해 말해보자. 우선 정치 개혁 문제는 크게 권력 구조 문제와 선거 제도 문제로 나눌 수 있다. 권력 구조 문제는 대통령제와 내각제에 관한 문제이며, 선거 제도 문제는 정당 중심의 비례대표제와 지역 인물 중심의 소(중대)선거구제에 관한 것이다.

물론 권력 구조와 선거 제도 문제가 중첩되는 부분이 많아 현실적으로 분리해서 생각하기 어려운 부분도 있다. 그러나 정치 개혁을 논의할 때에는 분리해서 생각해야 한다. 정치 개혁의 핵심은 정책 정당을 활성화할 수 있는 선거 제도의 개혁에 있지, 대통령제냐 내각제냐의 권력 구조 개혁에 있는 것이 아니기 때문이다. 정치 개혁 논의가 권력 구조 논의로 흘러가버리면 아무런 의미가 없다.

정치 개혁의 논의는 국민의 민의를 곧바로 반영할 수 있고, 언제라도 국민이 손쉽게 심판할 수 있는 유연한 정책 정당 정치를 활성화할 수 있는 선거 제도 개혁에 초점이 맞춰져야 한다. 물론 대통령에게 지나치게 권력이 집중돼 있어 이를 분산할 필요가 있다는 권력 구조 개혁 문제를 제기할 수는 있다. 그러나 예전 참여 정부 시절에 노무현 전 대통령이 말했듯 대통령이 권력의 일부를 양보해버리면 그만이다. 대통령이 권력을 양보하지 않는 한 논의 자체가 시작될 수 없기 때문이다.

따라서 정치 개혁의 기본 방향은 여당이든 야당이든, 색깔 중심의 정치 구조에서 벗어나 정책 중심의 정당 구조로 바뀌어야 한다. 그렇게 하기 위해서는 기존 정당들이 정책 노선을 중심으로 발전적 해체까지도 필요하다면 고려해야 한다. 같은 정책 노선을 가진 그룹들이 새로운 정책 정당을 설립하여 정책 대결 중심의 정치 구조를 구축하는 것이다. 즉, 국민들의 어려움과 경제 발전에 기여할 수 있는 다양하고 유연한 정책적 스펙트럼을 지닌 정당 구조로 개혁하는 것이다.

그래야만 국민들의 다양한 의견이 적극적으로 수렴되고 정책에 반영되는 정치 구조가 실현될 수 있다. 또 그래야만 국민들 입장에서도 정책 공약과 이행 실적을 기준으로 정당을 선택할 수 있는 폭이 넓어지게 된다. 이처럼 정책 정당 중심의 구조로 정치 개혁이 이루어지게 되면 지역주의나 색깔론은 자연스럽게 도태될 수밖에 없다. 그러면 전문적인 정책 역량이 없는 정당이나 정치인은 자연스럽게 사라지게 된다.

이를 실현하기 위해서는 구체적인 실천 방안도 필요한데, 크게 4가지 정도다. 하나는 정책 역량을 검증 받은 신인들의 정치 입문이 쉽게 이뤄질 수 있도록 출마 요건이나 정당 설립 등에 관한 진입 장벽을 낮출 필요가 있다는 것이다.

둘째로는 정책 정당 활성화를 위해 국회 원내교섭단체 기준을 현재의 20석 이상에서 낮춰야 한다. 일본의 경우에는 5석 이상인데, 게다가 일본 NHK 등 공영 방송에선 반드시 원내 교섭 정당의 정책을 국민들에게 방송하도록 돼 있다. 소수 정당의 정책들이 국민들에게 좀 더 쉽고 광범위하게 알려질 수 있도록 제도화되어 있는 것이다. 우리도 이를 적극적으로 도입할 필요가 있다.

셋째는 대통령과 국회의원의 임기가 서로 일치하지 않는데, 이를 해소하는 방향으로 개혁이 추진돼야 한다. 대통령 임기 5년, 국회의원 4년 임기제로는 행정부와 입법부에 대한 국민의 선택과 평가가 일관되게 반영될 수 없다. 예를 들어 미국과 같이 대통령 임기를 4년 중임으로 하고 국회의원 임기는 4년으로 하되, 2년마다 중간 선거를 통해 국회의원 절반을 교체하는 방식도 대안이 될 수 있다.

넷째는 인물 중심에서 정당 중심의 선거 제도로 개혁이 이뤄져야 한다. 소선거구제(또는 중대선거구제)는 특정 지역에 기반을 둔 인물 중심의 직선 제도인 반면, 비례대표제는 정당 중심의 간선 제도다. 현재 우리나라의 국회의원 선거제도는 소선구제 중심에 비례대표제가 가미된 형태다.

그렇다면 정책 중심의 정당 정치를 위해 선거 제도를 어떻게 바꿔야 하는가? 우선 인물 중심의 소선거구제 대신에 완전 비례대표제로 하는 방법을 생각해볼 수 있다. 이럴 경우 막대한 선거 비용을 줄이고, 사표死票를 최소화할 수 있다. 또 소수 정책 정당이 대거 출현하면서 다당제 구조의 형태가 된다.

다당제는 정책 중심으로 정당 간 정책 연합이 매우 유연하게 이뤄질 수 있기 때문에 국민들의 민의를 그때그때 반영하는 연립 정권도 쉽게 형성된다. 그러나 정당들의 정책 역량이나 정치 문화가 발달하지 못한 경우에는 오히려 정치적 혼란과 정권 획득과 유지를 목적으로 정당 간 밀실 야합이 쉽게 이뤄진다는 단점도 있다. 또 완전 비례대표제 아래에선 무소속 출마가 사실상 불가능해진다.

또 하나는 중대선거구제도다. 현재 정치권에서 유력하게 검토하는 방안 중 하나인데, 한 선거구에서 복수의 의원을 뽑는 일종의 광역선거구제다. 쉽게 말하자면 소선거구 여러 개를 합쳐 하나의 광역선거구로 만들고, 득표수에 따라 최다 득표자부터 순차로 한꺼번에 여러 명의 의원을 뽑는다는 것이다.

이럴 경우 소선거구제에서 발생하는 '선거구 간의 1표 격차' 문제가 크게 해소될 수 있다. 예를 들어 한 선거구에서 20만 표를 얻고도 낙선하는 후보가 있는가 하면, 인접한 선거구에선 10만 표로도 당선되는 경우가 있다. 이 때문에 선거 때마다 인구 비례에 따라 선거구를 끊임없이 조정하지만, 이 문제를 근원적으로 해결하기란 불가능하다. 중대선거구제로 바뀌면 적어도 이 문제는 해소될 수 있다. 그러나 중대선거구제 역시 후보자를 직접 선출하는 방식이어서, 정당 위주의 선거 제도라고 볼 수는 없다.

마지막으로 비례대표제 중심의 소(중대)선거구제 가미형이 있다. 이는 정당에 투표하는 간접 선거를 기본으로, 인물에 투표하는 직접 선거 방식을 부분적으로 혼합한 형태다. 다시 말해, 국회의원 총수의 3분의 2 또는 4분의 3 이상을 비례대표제 방식으로 뽑고, 나머지를 소선거구제 또는 중대선거구제 형태로 뽑는 방식이다. 이렇게 되면 무소속 출마가 가능해진다. 다만 대부분의 국회의원을 비례대표제로 뽑기 때문에 소선구제든 중대선거구제든 선거구가 광역화될 수밖에 없다.

그동안 우리나라의 정치권은 왼쪽, 오른쪽 색깔 위주의 대립적 정당 구조로 돼 있었다. 정당뿐만 아니라 여야 모두 내부적으로도 극에서 극을 달리는 스펙트럼의 색깔 집단이 함께하고 있어서, 권력을 위해 무차별적인 파워 게임을 펼쳐왔다. 그것은 지금도 마찬가지다.

그 결과, 국민이 고통을 받고 경제가 어려워지고 있는데도, 민생 정책이 국회로 가면 정당 간 그리고 여야 내부 색깔 집단들의 대립으로 소멸되고 마는 일들이 비일비재하다. 21세기 선진 민주주의 시장경제 국가로 진입하기 위해서는 더 이상 잘못된 정치 구조를 그대로 유지해서는 안 된다.

정책 중심의 정당 구조, 필요한 경우에 초당적 협력이 필요한 상생의 정치 구조로의 과감한 개혁이 필요하다. 정치 개혁의 핵심은 선거 제도 개혁이 중심이 되어야 하며, 권력 구조에 대한 개혁이 중심이 되어서는 안 된다. 그리고 지금이 바로 그 개혁을 논할 시기다.

러브 콜과 진짜 개혁

개혁이 멀지 않았다

지난 2000년 연구소 문을 연 후, 첫 번째 손님이 찾아왔다. 국가정보원의 경제 관련 파트에서 일했던 사람으로 기억한다. 외환위기를 겪은 지 얼마 되지 않아서, 국정원이 경제 관련 첩보를 수집해 대통령에게 보고하는 것이 주요 관심사 중 하나였던 것 같다.

또 DJ 정부와 참여정부 때는 재정경제부와 산업자원부 등 주로 경제 부처를 담당했던 국정원 직원 사이에서 우리 연구 보고서를 먼저 입수하려는 경쟁도 있었다. 다른 사람보다 먼저 입수해서 청와대 등에 올리는 첩보에 싣겠다는 것이었다.

게다가 참여정부 때엔 국정원 고위 인사로부터 입각할 의사까지 타진 받기도 했다. 지난 2005년 8월, 부동산 대책 전후였던 것 같다. 당시 고위 인사가 연구소에 직접 전화를 걸어, 부동산 문제 등 경제 문제로 국민 여론이 악화되는 데 대한 대안을 물었다.

그러면서 말미에 자신이 대통령에게 건의할 테니 정부에 입각할 의사가 없느냐는 이야기를 건넸다. 물론 웃어넘기는 것으로 고사했다. 이어서 문제 해결 능력 없이 의리만 내세우는 대통령의 측근들이 관료들에게 휘둘리는 정부에 단기필마單騎匹馬로 들어가 무엇을 바꿀 수 있겠느냐는 식으로 대답했다.

참여정부 시절 말기인 2006년 말, 청와대의 한 비서관으로부터 연락이 왔다. 당시 대통령을 비롯해 각 부처 장관들과 여러 문제들에 관해 비공개 토론을 해보자는 것이었다. 우리 연구소는 이미 때가 늦었다는 이유로 정중히 사양했다. 대통령의 토론 제의를 일개 민간 연구소가 사절하자, 청와대 측에서도 상당히 불쾌했던 같다. 당시 그 비서관이 "후회하게 될 것"이라고 말할 정도였으니 말이다.

1주일 뒤에 당시 집권 여당이었던 열린우리당의 대표 비서관으로부터도 연구소로 전화가 왔다. 당시 대표였던 김근태 의원이 만나서 토론해보고 싶으니 꼭 참석해달라는 것이었다. 이 역시 정중히 사절했다. 이미 민심이 정부와 여당을 떠나버렸는데, 대통령이든 당 대표든 서로 만나서 이야기해봐야 얼굴만 붉힐 것이 뻔했기 때문이었다.

솔직히 이런 제안을 무작정 사절하는 것도 실례가 아닌가 하는 내부 의견도 있었다. 그래서 다음 해인 2007년 초에 다시 부동산 투기가 재연될 조짐이 보이고 해서, 청와대 쪽에 부동산 문제에 대해 토론할 의사가 있음을 전달했다. 이번엔 그쪽에서 거절했다. 해당 비서관은 대통령께서 일개 민간인을 만나실 만큼 한가한 분이 아니라는 말을 전했다. 그 비서관은 우리 쪽에 보복했다고 생각했을지 모르겠지만, 그냥 웃고 말았다.

대선이 있었던 2007년엔 여러 정치 세력들로부터 요청이 있었다. 일부 비제도권 세력에선 아예 대선에 출마해달라는 이야기까지 있었다. 모 정당의 여러 유력 대선 후보 쪽에선 자신들의 선거 캠프에 참여해달라는 요청을 하기도 했다. 우리 연구소의 정책 대안을 자신의 대선 후보를 통해 실현해달라는 것이었다.

물론 모두 정중히 사절했다. 물론 현실 정치에 참여할 정도로 여건이 갖추어져 있지 않기도 했지만, 무엇보다 이들 모두 기존 정치권의 연장선상에 있었기 때문이었다

어떤 이는 한국의 정치적 현실을 감안해서, 국회나 지방자치단체장 선거에 먼저 나가는 것이 낫지 않겠느냐고 권유하는 사람들도 많았다. 일단 국회나 지자체장이 된 후에 본격적인 정치 행보를 강화하는 것이 현실적이지 않느냐는 것이었다. 이 역시 웃어넘겼다. 국회의원이 된다고 해도, 300분의 1의 힘으로 무슨 개혁이

가능하겠느냐는 식으로 반문하기도 했다.

솔직히 말하자면, 나와 연구소는 오래전부터 정치 개혁과 현실 참여 문제에 대해 많이 고민해왔다. 물론 이런 길고 긴 고민을 지켜본 일부 제도권이나 비제도권의 정치 세력들은 우리 연구소의 '권력 의지의 허약함'을 비판하기도 했다.

그러나 우리 연구소가 여야를 막론하고 기존 정치권과 똑같은 방식으로 그들이 오랫동안 알게 모르게 만들어온 편파적인 게임 방식에 따라 정치적 게임을 하게 된다면 절대로 그들을 이길 수 없다. 그들은 자신들의 지역주의를 바탕으로 하는 게임 방식에 따라 30~40년간 기만적으로 정치를 해온 사람들이다. 그러니 그들만의 기만적이며 불공정한 게임 방식으로는 절대로 그들을 이길 수 없다. 따라서 완전히 새롭고 공정한 게임의 룰에 의해 20~40대 자식 세대가 주도하는 게임을 할 수 있어야 한다.

또 일단 정치 개혁의 칼을 빼들면 절대로 실패해서는 안 된다. 우리 자식 세대들의 장래를 위해서도 말이다. 실패하게 되면 더 이상의 시간도, 기회도 없을 것이기 때문이다. 일단 칼을 빼면 확실하게 세상을 바꾸어놓아야 한다. 그래서 칼을 빼기 전에 최대한 신중에 신중을 기해야 한다. 할 수 있는 한 모든 준비를 갖추어 절대로 실패하지 않도록 해야 한다.

세상은 지금도 끊임없이 변한다. 20세기 산업 자본화 시대에서 21세기 지식정보화 시대로 전광석화처럼 바뀌고 있다. 그에 따라 20세기의 금권 동원 정치, 보스 정치, 조작 정치, 지역주의 정치는 그 수명이 다하고 있다. 상상을 초월할 만큼 빠른 속도로 전문 지식과 인터넷에 기반을 둔 21세기형 쌍방향 실시간 참여 정치로 바뀌어가고 있다.

20세기형의 정치 구조와 권력 구조를 기반으로 한 정치와 정부 구조는 이미 세상의 변화에 따라가지 못하는 시대착오적인 것이 되어버렸다. 전문적 지식과 정보 발신력을 갖춘 자식 세대들은 인터넷을 통해 정보와 문제 해결 방안을 실시간으로 전파하고 나누고 있다.

특히 현실의 정치 개혁은 한 사람의 힘만으로 되는 것이 아니다. 정치 개혁은 올바른 뜻을 같이하는 사람들이 모여 세력화해야만 가능하다. 현실을 무시한 채 성급하게 권력에 욕심을 내어 무리하게 되면 실패한다.

권력과 돈은 무리하게 욕심을 내어 좇을수록 멀어질 뿐이다. 돈과 권력을 좇기 위해 시간과 노력을 헛되이 낭비하기보다는 객관적 사실과 방법론적 논리를 바탕으로 문제 해결 대안을 제시해야 한다. 그리고 그것을 지속적으로 일반 대중에게 알리면서 공감하는 대중들이 스스로 찾아오도록 만드는 것이 상책이다. 그들과 함께 힘을 모아 세상을 바꾸는 것이 현명한 방법이라고 본다.

이제 진짜 개혁을 바라는 20~40대 자식 세대 여러분 모두가 힘을 모아야 할 때다. 부모 세대는 마음을 비우고, 다시 한 번 부모의 마음으로 돌아가 자식 세대들에게 자리를 비켜주길 부탁한다. 세상의 변화를 인정하고, 고생해서 가르친 자식 세대들이 능력껏 전문성을 발휘해 자식 세대와 부모 세대 모두 행복하게 살 수 있는 세상을 만들어갈 수 있도록 지켜봐주길 부탁한다. 그리하여 자식 세대와 부모 세대 모두가 힘을 모아 모두가 더불어 살 수 있는, 제대로 된 민주주의 시장경제를 함께 만들어가야 한다. 이것이 진짜 개혁이다.

정직한 지식의 힘

평범한 사람들의 삶은 대개 비슷합니다. 따라서 평범한 사람들의 삶에 관한 이야기는 관심거리가 되지 못합니다. 대통령이라든지 장관, 유명 정치인, 재벌 오너, 성공한 벤처 기업가, 인기 연예인이나 스포츠 스타, 언론인 또는 대학교수나 변호사, 의사, 금융인 등 유명세를 등에 업은 전문가의 삶과 성공담만이 사람들의 관심사입니다.

저는 대통령도 아니며, 재벌 오너도 아닙니다. 그렇다고 성공한 벤처 기업가도 아니며 인기 연예인과 같은 스타도 아닙니다. 그저 10명 안팎의 조그만 연구소의 책임자일 뿐입니다. 경제적으로 큰 성공을 거둔 것도 아니며, 연구소를 겨우 꾸려가는 정도입니다. 지금까지 낡은 집 한 칸 가져본 적 없이 셋방살이를 전전했으며, 자식들과 노후를 위한 자금조차 없을 정도로 여유가 없습니다. 그런 점에서 여느 일반인들과 마찬가지로 그저 평범한 개인에 지나지 않으며, 제 이야기가 일반 사람들의 관심을 얻기는 어려울 것입니다.

그런데도 책에서 제 삶에 대해 조금이나마 이야기한 것은 직업이 특수하기 때문입니다. 저의 직업은 지식정보를 생산하고 퍼뜨리는 것입니다. 지식은 많은 사람들과 공유할수록 그 가치를 더합니다. 많은 사람들에게 공감을 얻었다는 것은 그만큼 객관성과 전문성을 인정받았다는 증거이기 때문입니다. 그렇다 보니 싫든 좋든, 원하든 원하지 않든 지식정보 사업을 주업으로 하는 한 일반인에게 알려질 수밖에 없습니다. 이미 저는 적지 않은 사람들에게 알려져 있습니다.

대통령이나 장관, 국회의원, 사법부 고위층은 법에 의해 권력을 부여 받고 행사합니다. 그런가 하면 재벌 오너나 성공한 사업가는 재력에 의해 영향력을 행사합니다. 사주나 정치권력은 언론지배를 통해 힘을 행사합니다. 그에 비해 저는 무형의 지식정보로 적지 않은 사람들에게 영향력을 행사합니다. 우리 연구소가 강연이나 세미나를 열면 수백 명의 사람들이 몰려듭니다. 우리 연구소가 인터넷에 개설한 '김광수경제연구소포럼'에도 12월 초 현재 6만 5000명의 사람들이 참여하고 있으며, 매일 그 수가 빠르게 늘고 있습니다. 추측하건대 '김광수경제연구소포럼'은 인터넷상의 수많은 카페나 블로그 중 가장 영향력이 있는 곳이 아닐까 자부합니다.

한국 사회에서 무형의 지식정보를 통한 영향력 행사는 지금까지 권력에 예속된 국책 연구기관이나 금력에 종속된 재벌계 연구소 그리고 사주에 굴종하는 언론 등의 영역이었습니다. 이처럼 지식정보 기관이 권력과 금력과 사주에 속하다 보니, 애초부터 객관적이고 신뢰할 만한 지식정보가 생산될 수 있는 구조도 아니었고 올바로 전달될 수 있는 체제도 아니었습니다.

그런 영역에 돈키호테처럼 제가 끼어든 것입니다. 그리고 수많은 어려움을 극복하며 여기까지 왔습니다. 제 삶과 철학을 책으로 써낼 수 있을 정도까지 말입니다. 비록 유형의 재산은 없지만 눈에 보이지 않는 무형의 지식 자산은 누구 못지않게 많이 쌓아왔습니다. 그런가 하면 아직 그 수는 적지만 연구소의 열정적인 젊은 인재들 역시 빼놓을 수 없는 보물입니다. 무형의 지식 자산들과 젊은 인재들이 제도화된 권력과는 다른, 눈에 보이지 않는 막강한 힘을 제게 부여합니다. 우리 연구소의 젊은 인재들이 생산하는 《경제보고서》나 《경제시평》과 같은 지식정보는 이미 한국 사회 각계각층에 적지 않은 영향을 미치고 있습니다.

지식과 일반 사람들의 삶은 결코 별개의 것이 아닙니다. 지식은 일반 사람들의 평범한 삶 속에 있을 때 가치와 의미를 지닙니다. 일반 사람들의 평범한 삶과 괴리된 지식은 더 이상 지식이 아니며, 특권층을 위한 조작이자 선동의 도구이고 세뇌를 위한 홍보물에 불과합니다. 또한 지식은 일반 사람들의 평범한 삶을 있는 그대로 투영해낼 수 있도록 정직한 것이어야 합니다. 정직한 지식이 아니면 일반 사람들의 평범한 삶을 반영하지 못하고 공감을 얻지 못하며, 결국에는 외면당하게 됩니다.

우리 연구소가 기득권의 장벽 속에서도 지금까지 살아남을 수 있었던 것은 정직한 지식을 생산해내려고 묵묵히 노력해왔기 때문일 것입니다. 그래서 많은 사람들로부터 공감을 얻을 수 있었습니다. 지난 2000년에 연구소를 설립한 이래로, 저는 쉬는 날 없이 계속 연구하고 끊임없이 공부했습니다. 아플 겨를조차 없었다고 해도 과언이 아닐 정도로 말입니다. 저희 연구소의 정직하고 젊은 연구자들 역시 마찬가지입니다. 평범한 일반인들의 삶을 기준으로 무엇이 문제인지 분석하고, 가장 합리적으로 그 문제를 해결할 수 있는 방법을 고민해온 것입니다.

한국을 대표하는 정직하고 신뢰할 수 있는 싱크탱크이자, 객관적이고 중립적인 전문 연구기관, 인재 양성 사회 교육 기관이라는 목표를 세워 10년간 오직 한길로만 매진했습니다. 그동안 우리 연구소는 민간 기업 컨설팅과 정부 기관 정책 연구 용역 40여 건을 비롯하여, 150편이 넘는 경제 보고서, 900편이 넘는 《경제시평》의 보고서, 14권에 달하는 서적을 발간했습니다. 평균을 내보면 매월 10건가량의 보고서를 발간한 셈입니다. 기적 같은 일이라 하지 않을 수 없습니다.

21세기 지식정보화 시대에 웬만한 지식정보는 인터넷에 공개되며, 감춰지는 지식은 없습니다. 특히 우리 연구소만 아는 감춰진 지식은 없습니다. 우리 연구소가 왼쪽에 감춰진 지식을 우리끼리만 알고 적당히 각색하여 오른쪽으로 옮기는 식이었다면 지금까지 올 수 없었을 것입니다. 아시다시피 수백 명의 연구자를 둔 국책 연구기관이나 재벌계 연구소도 있습니다. 그런가 하면 방송, 신문, 인터넷 언론 등 언론 매체들도 있습니다. 이들 모두 좋은 대학을 졸업하거나 외국의 좋은 대학에 유학 갔다 온 박사들로 넘쳐납니다. 이들이 눈뜬장님이거나 귀머거리 또는 게으름뱅이 집단이 아닌 이상 10여 명 안팎에 불과한 우리 연구소보다 정보력이 부족할 리 없습니다. 그렇다고 이들이 우리 연구소의 젊은 연구자들보다 머리가 나쁘거나 연구 능력이 부족한 것도 아닐 것입니다. 오히려 머리 좋기로 치면 훨씬 나을 수도 있습니다.

그런데도 많은 사람들이 우리 연구소에 관심을 가지는 이유는 정직함 때문일 것입니다. 또한 일반 사람들의 삶을 기준으로 현실 문제를 인식하고, 객관적이고 논리적인 방식으로 문제 해결 방안을 연구하여 제시했기 때문일 것입니다. 그래서 일반 사람들이 쉽게 이해하고 공감할 수 있었을 것입니다. 요즘에는 일반 사람들뿐만 아니라 전문가 계층도 폭넓게 공감하고 있습니다.

국책 연구기관들은 대통령이나 장관 또는 정부 관료의 지시에 따라 주어진 결론에 맞추어 포장해야 합니다. 그들의 눈치를 살펴가며 보고서를 만들어야 합니다. 일반인들의 삶과는 관계없이 오로지 대통령과 정부 관료, 정치권의 지시에 따라 연구합니다. 그래서 정권이 바뀌면 하루아침에 사업성 없는 보고서가 사업성이 있는 보고서로 바뀌게 됩니다.

재벌계 연구소 역시 마찬가지입니다. 재벌 그룹과 오너의 사익을 극대화하기 위한 스태프에 불과합니다. 이들은 교육 문제나 주택 문제 등 일반 사람들의 평범한 삶을 고민할 이유가 없기 때문입니다. 오히려 일반 서민들의 입장에서 보면 부동산 문제나 교육 문제, 일자리 문제 등에서 볼 수 있는 것처럼 문제의 근원이거나 문제를 악화시키는 경우가 허다합니다. 애초부터 재벌계 연구소에 연구의 객관성이나 중립성을 기대하는 것은 불가능합니다. 그런데 그룹이 어려워지면 별반 도움이 되지 않는다는 이유로 재벌계 연구소의 연구자들은 구조 조정의 0순위가 되기도 합니다.

굳이 설명하지 않아도, 사주와 정치권력에 지배되는 언론은 언론으로서의 중립성과 공정성을 잃어버린다는 사실을 알고 있을 것입니다. 특히 사주가 장악하고 정치권력과 결탁하는 일부 신문 기자들은 서슴없이 거짓 보도나 왜곡 선동 보도를 일삼고 있습니다. 그러나 이런 행위는 만천하에 드러났습니다. 그 결과, 이들 신문과 기사는 일반 사람들로부터 외면당하고 있습니다. 선진국의 경우를 보더라도 일반 서민들의 삶을 기준으로 공정하게 보도하는 언론사들은 대개 정치권력과 건전한 갈등 관계에 놓여 있습니다. 그런데 한국은 언론이 정치권력과 건전한 갈등 관계에 있다기보다는 오히려 정치권력에 밀착하여 특권과 특혜를 누리며 일반 서민들과 그들의 삶을 희생양으로 삼고 있습니다. 물론 사명감에 불타는 유능한 기자들도 많습니다. 이들이 한국 언론의 희망이라고 기대하고 있습니다만, 안타깝게도 제 역할을 할 만한 기회는 아직 주어지지 않습니다.

우리 연구소는 10년간에 걸쳐 정직함과 진실함을 입증해왔으며 많은 분들로부터 높이 평가 받았습니다. 우리 연구소가 일당백의 기상천외한 연구 역량과 정확한 분석력을 자랑한다고 해도 정직하고 진실하지 않았다면 DJ 정부든, 노무현 정부든, 이명박 정부든 권력에 빌붙어 돈이나 벌었지, 이렇게 일하지는 않았을 것입니다. 그럴 기회는 얼마든지 있었습니다. 그러나 지식은 그렇게 해서 쌓이는 것이 아닙니다. 지식에는 왕도가 없습니다. 정직함과 진실함을 바탕으로 하나하나 밑에서부터 전문적으로 훈련하지 않으면 절대로 불가능합니다. 지식에는 사기나 거짓말이나 기만이 통하지 않습니다. 한국이 지금껏 학문 분야에서 노벨상을 수상하지 못한 것도 지식에 대한 정직함과 진실함, 겸손함이 없거나 부족했기 때문이라고 생각합니다. 한국에는 타고난 재능이 뛰어난 사람들은 많습니다. 그러나 타고난 재능 이상으로 중요한 것은 그 사람의 정직하고 진실한 마음가짐과 노력하며 행동으로 보여주는 실천 의지입니다.

　　우리 연구소는 정직함과 진실한 마음과 실천 의지가 반드시 원하는 결실을 맺게 해준다고 확신합니다. 이 책을 읽은 많은 분들이 우리의 자식 세대들이 숨 쉬고 살아갈 수 있는, 꿈과 희망과 기회의 나라를 그들에게 물려줄 수 있도록 함께 힘을 모으기를 진심으로 바랍니다. 우리 연구소도 지금처럼 정직하고 성실한 자세로 동참하겠습니다.